JN298103

たのしい食卓

大西　一也
こうち恵見　著

電気書院

＜執筆担当＞
第1編：大西　一也
第2編：こうち　恵見
イラスト（第2編＆欄外）：こうち　恵見

はじめに

　現代の「食生活」には、さまざまな問題が指摘されています。①米と野菜、魚中心の日本型の食事から、肉や乳製品など脂質の多い欧米型の食事が増加しています。②栽培技術や品種改良、輸入食品の増加によって、さまざまな食品が一年中手軽に入手できますが、旬の食材という感覚が薄れています。③調理時間の短縮や簡便化が進み、加工食品の利用が増えています。④家庭事情などにより、「中食」という調理済みの食品を購入するケースが増えています。⑤家族の生活時間の違いなどにより、「孤食」という一人で食事するケースが増え、家族が一緒に食事をしながら会話をするというコミュニケーションが崩壊の危機となっています。
　このように、私たちの「食」は決して豊かとは言えない状況になっています。「食」を単に「食べること」ではなく、人間の文化としてとらえ直して、豊かな「食」とはどのようなものか一緒に考えましょう。

　人が生きる為に必要な衣食住の「食」は、「食べること（食事）」です。生き物は本能的に「生きるため」に「食べること」という行為をしていますが、人はその「食べること」に、「機能性」と「美味しさ」「楽しさ」をプラスしてきました。まず、食物を多く摂取するために料理をはじめました。料理をすると、食物は食べやすく美味しくなります。さらに美味しく食べるために、心地よい空間を作る工夫をしました。その工夫には、料理を盛りつける器やテーブルコーディネートもあります。コンビニで買ったお惣菜やサラダをお気に入りの器に盛りなおすと、味は変わっていないはずなのに、とても美味しく感じられるのは、そこに「食を楽しむために工夫をする」という行為がはいっているからです。「美味しく食べる」ためには、「食べるを工夫する」ということが大切なの

です。

　人はもともと手づかみで食事をしていましたが、食事をするためのさまざまな道具を作り出しました。機能的に美味しく食事をするには、ナイフで切ったほうが食べやすく、フォークで刺したほうが熱さも伝わってこないし、スプーンですくったほうがしっかり飲めます。お皿やカップ、お箸やお椀も同じことです。現在のフォーマルなテーブルセッティングは、もとはロシアから始まりました。ビュッフェ式の大皿料理だった食事は、寒いロシアでは直ぐに冷めてしまいます。そこで料理を、1品ずつ温かい状態で一人ひとりに出す様式（ロシア式サービス）が生まれました。このサービスを機能的に遂行するために、各料理専用のお皿やカトラリーなどの器（＝道具）が作られました。器は、美味しく快適に食べることに必要な機能を持った工夫された道具です。このように人間は、さまざまな新しい発想によって、快適に食事をするための方法と空間を作り出してきました。

　人が作り出した工夫には、デザインというものもあります。人は個々の生活の中に、好みのデザインを取り入れることができます。それは生活を楽しみ豊かにする一つの方法です。そのデザインされたものを、工夫し、組み合わせ、独自の空間を作り出すことで、さらに生活を快適に楽しむことができます。食卓という小さな空間も、その組み合わせによって色々と楽しむことができます。それがテーブルコーディネートというものです。では、実際に「食べることを楽しむ」にはどうしたらいいのでしょうか。それには食器というものを知り、理解し、好きになり、楽しみながら工夫ができる「余裕と自由な発想」が必要になってきます。

　皆さんの食生活はいかがでしょうか。豊かなライフデザインを考えるときに、私たちの生活の基本である「食生活」を大切にすることから、

はじめてみましょう。

　住まいのインテリアデザインというと、一般的に、家具やインテリアの歴史からはじまり、人間工学、室内環境、設備計画、インテリア構法、インテリア材料、各室の設計計画などについて学んでいきます。
　本書では、これらのこと全てを系統的に学ぶのではなく、家族のコミュニケーションの場として大切な「食空間」に焦点をあてて、キッチンやダイニングルーム、食器などを対象として、インテリアデザインについて学んでいきます。
　前半は、「食空間をつくる」をテーマとして、
　1) キッチンとダイニングルームの関係やキッチンレイアウト
　2) キッチンやダイニングルームの床、壁、天井の仕上げ材料
　3) システムキッチンや調理機器などの設備機器
　4) キッチンやダイニングルームの窓の形式やカーテンなど
　5) ダイニングテーブルや椅子など
　6) キッチンやダイニングルームの照明
の6つのテーマについて学びます。
　後半は、「食卓を楽しむ」をテーマとして、
　7) テーブルウェア（食器）の基本
　8) 器の歴史
　9) 陶磁器のできるまで
　10) テーブルコーディネートを知ろう
　11) テーブルを素敵に飾ろう
　12) テーブルコーディネートで素敵な食卓
の6つのテーマについて学びます。

　学習をとおして、皆さんが日々の「食」について考え、豊かな食生活を楽しみながら、幸福を感じられる暮らしを送ってほしいと思います。

も く じ

はじめに　前3

食空間をつくる
1. くうかん　1
2. しあげ　15
3. せつび　29
4. ま　ど　43
5. か　ぐ　61
6. あかり　77

食卓を楽しむ
7. テーブルウェア（食器）の基本　91
8. 器の歴史　109
9. 陶磁器のできるまで　129
10. テーブルコーディネートを知ろう　145
11. テーブルを素敵に飾ろう　159
12. テーブルコーディネートで素敵な食卓　173

あとがき　179

参考文献　180

索　引　181

●食器の豆事典●
食器には色々な種類や形があります。それらには意味がり、用途に応じた特徴があります。欄外で、基本的な知識として必要なもの、知っていると食事が楽しくなるものを各ジャンルから少しだけピックアップして紹介します。

第1編　食空間を作る

くうかん

1

1-1　キッチン空間

　住まいには、キッチン、ダイニングルームをはじめ、リビングルーム、寝室など、さまざまな空間があります。なかでも、家族のコミュニケーションの中心となる大切な食事のための空間が、キッチンとダイニングルームです。ここでは、現代の住まいにおいて、キッチンと隣接することの多いダイニングルームやリビングルームとの関係についてみてみましょう。

　キッチン空間は、キッチンを独立した部屋にする「独立型キッチン K」、キッチンと食事空間をまとめた「複合型キッチン DK」、さらにだんらん空間も一緒にした「複合型キッチン LDK」の3タイプに大きく分けられます。

　住まい全体の広さや、住む人のライフスタイル、特に食生活のあり方を十分考慮した上で、キッチン空間のタイプを決める必要があります。さらに、家事動線や調理作業によりキッチンレイアウトを設定して、熱や光、音、空気などの室内環境、色や素材などインテリアデザインを計画していきます。

　時代の流れとしては、キッチン設備の電化や中食の普及などにより、調理が簡略化され、独立したキッチン空間が少なくなり、広いワンルーム空間のなかにキッチン設備として配置されるタイプも増えています。

(1) 独立型キッチン（K + LD）

　調理作業のための専用室として、キッチンを独立させるタイプです。床面積が増えるので、広めの住宅で採用されることが多く、大型冷蔵庫やさまざまな調理機器を配置し、作業効率を重視しています。また、シ

● 洋食器の種類 ●

洋食器の素材は主に、磁器、陶器、銀器、ガラスです。種類は多いですが、変形の多い和食器より形は限られています。

ステムキッチンもデザイン性を高めるよ
り、ワークトップ（天板）をステンレス仕
上げにするなどメンテナンス性を高めてい
ます。煙や臭気などがダイニングやリビン
グに漏れないという利点もありますが、調
理作業中に家族とのコミュニケーションが
とりにくいという欠点があります。

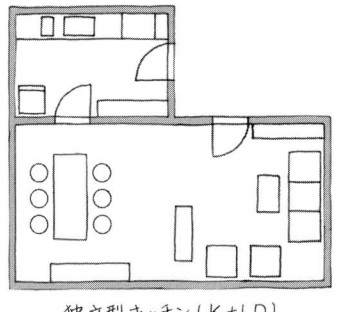

独立型キッチン（K＋LD）

(2) 複合型キッチン（DK＋L）

　キッチンとダイニングをひとつの空間
にまとめたダイニングキッチンタイプで
す。ダイニングキッチン（DK）という空
間は、歴史的には、1951年に公営住宅の
51C型という標準設計の間取りから生ま
れました。これは、食べる場所と寝る場
所を別にする「食寝分離」という考え方
に基づいています。ひとつの洋室にまと

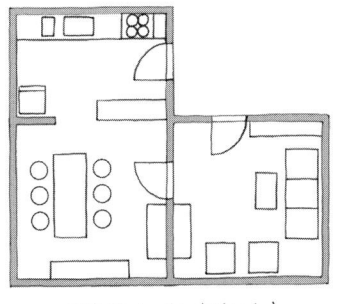

複合型キッチン（DK＋L）

めることで、比較的狭い住宅でも採用することができます。調理空間と
食事の空間が一体になっているので、音や臭気は避けられませんが、家
族で協力して調理や後片付けがしやすいという利点があります。

(3) 複合型キッチン（LDK）

　キッチンとダイニング、リビングをひとつの空間にまとめたリビング
ダイニングキッチンタイプです。団らん、食事、調理をワンルーム空間
で行うために、十分な広さが必要です。キッチン空間、ダイニング空間、

「サービスプレート」27〜32cm位。座る位置などを示す最初に置いてあるお皿。直接料理は盛らず、オードブル、
サラダプレートなどを重ねます。メインの前に下げます。皿面に絵付けされてないものは、ビュフェプレートにできます。

リビング空間それぞれのレイアウトによって、違ったイメージのLDKにすることが出来ます。図の(a)は、リビング空間を南側（図の下方）の庭に面した明るい場所に配置し、キッチンとの間にダイニングテーブルを置きます。これもソファのレイアウトを室内側に向けるか、庭側に向けるかでイメージが変わります。ダイニングテーブルを部屋の真ん中に置くと少し落ち着かない感じになるので、対面式キッチンにして、隣接させるとまとまります。(b)は、リビング空間は同じ配置ですが、キッチンを西側（図の左方）の庭に向けて明るいイメージして、室内側にダイニングテーブルを置いて落ち着いた感じにしています。(c)も、リビング空間は同じ配置ですが、ダイニングテーブルを西側の庭に向けた明るい場所に置いて、室内側にキッチンを配置したものです。(d)は、キッチンを南側の庭に面した明るい場所に配置し、室内側にダイニングテーブルを置いて、北側の室内側にリビング空間を配置したもので

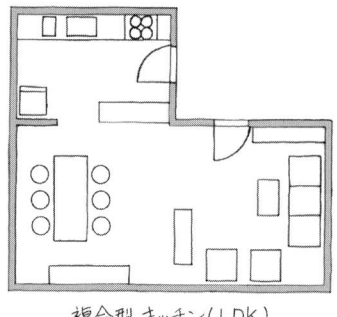

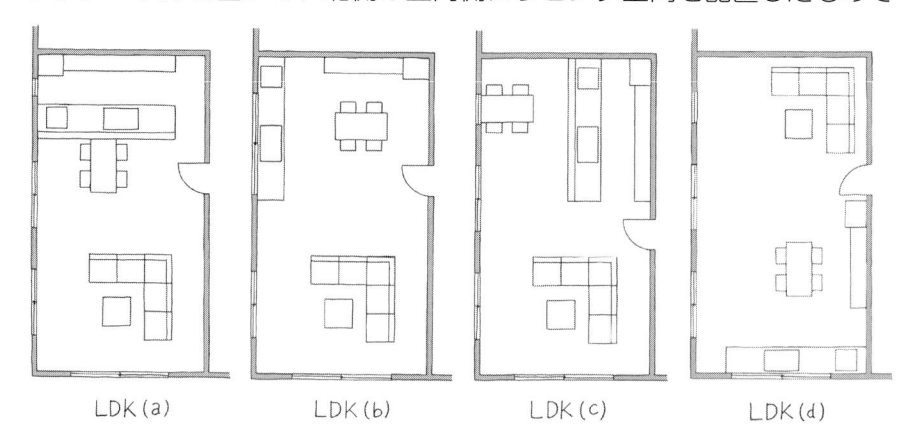

複合型キッチン（LDK）

LDK(a)　　LDK(b)　　LDK(c)　　LDK(d)

「位置皿」 サービスプレート、アンダープレート、ショープレートという呼び方があります。
豪華で美しい、目を楽しませてくれるお皿です。

す。このように、ワンルームのLDKは空間を仕切る壁がないので、部屋を見渡せて広がりを感じるという利点がありますが、落ち着かない空間にならないように、レイアウトを工夫したり、丈の低い棚などで仕切るなどで、ライフスタイルにあった空間づくりが大切です。

(4) ユーティリティ（U）

　食空間ではありませんが、キッチン空間と関わりの深い空間にユーティリティ（家事室）があります。日々の家事といえば、炊事のほかに洗濯、掃除、裁縫、家計管理などがあります。日本では、洗濯機は洗面所などに置かれ、家計簿をつけたりアイロン掛けなどはダイニングテーブルで行われていることでしょう。アメリカなどでは、「散乱した部屋」という意味のクラッタールーム（Cluttered Room）があり、収納スペース兼さまざまな家事が行われる場所として使われています。ここは、多少散らかしても許される家事スペースですから、短い時間を活用して、できるところまで作業をやっておくこともできます。キッチン空間とつながって、このようなユーティリティ空間が取れれば、食品のストックを置いたり、さまざまな活用ができ、家事全般が行いやすくなるでしょう。また、昔の土間空間のような役割も期待できるかもしれません。戸建て住宅なら庭に、マンションならベランダにつながっていると、洗濯物を干したり取り入れたり、少し汚れたものを出し入れしたり、また家庭菜園で採れた野菜を洗ったり保管したりするのにも便利でしょう。皆さんの住まいでも検討してみてはいかがですか。

「ミートプレート」25〜28cm位。ディナープレート、メインプレート（主にミート用）です。

1-2　キッチンのレイアウト

　キッチン空間を計画する手法には、調理作業の3つの動線を結んだワークトライアングルという考え方があります。部屋の広さや形、ダイニング空間との関係から、1列型、2列型、L字型、U字型、ペニンシュラタイプ、アイランドタイプといったキッチンレイアウトがあり、これらを組み合わて計画します。

(1) 作業動線（ワークトライアングル）
　調理作業の主なスペースとして、食材を保存する「冷蔵庫」、洗ったり下ごしらえをする「シンク」、加熱調理する「コンロ・グリル」の3つがあります。この3か所を頂点とした三角形を「ワークトライアングル」といい、各辺の長さが長すぎると作業の効率が下がり、逆に短すぎると調理や配膳などのスペースが取れず、使いにくくなります。それぞれの辺の長さは、1200～2100 mm 程度で、3辺の合計は 3600～6000 mm が適当とされています。長さの単位として mm（ミリメートル）を用いましたが、建築やインテリアの分野では、m や cm ではなく mm が基本単位となっていますので、皆さんもこれに慣れていってください。

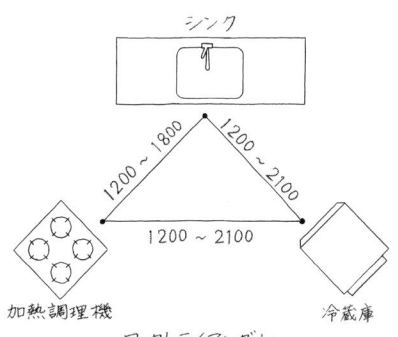

(2) 1列型
　冷蔵庫、シンク、コンロを1列に並べた基本形で、小家族向きです。3

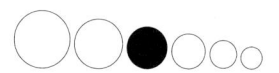

「フィッシュプレート」　22～25cm 位。フィッシュ、サラダ、デザート、オードブル用として最も多く使われます。日本ではメインプレートとしても使われます。

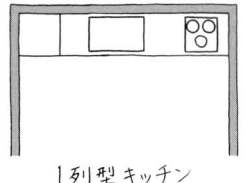

つの作業が三角形にならないので、横移動が繰り返され、長すぎると効率が悪いため、全長2400～3600 mm程度が適切な長さです。またシンクとコンロの間に600～900 mm程度の調理スペースを確保すると使いやすくなります。短い場合は移動式ワゴンなどで配膳スペースをとることも必要です。シンクなどのワークトップと後方の食器棚とのスペースは900～1200 mm程度が適切です。

1列型キッチン

　空間との関係では、ワークトップを壁側または窓側に向けたタイプ、壁側に食器棚を置いてワークトップを対面式にしたペニンシュラタイプ、独立して壁から離したアイランドタイプがあります。

(3) 2列型
　冷蔵庫、シンク、コンロを2列に並べた配置で、1列型と比べて作業動線が短くなり、作業スペースや収納も広くとれます。冷蔵庫の隣にシンクをとると、コンロは反対側になります。この場合に、シンクとコンロの位置関係を少しずらして配置すると使いやすくなります。また、2列の間隔は900～1200 mm程度が適切です。

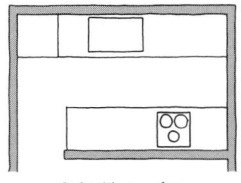

2列型キッチン

　空間との関係では、シンクやコンロを壁側または窓側に向けるか、対面式にするかは、部屋の広さやダイニング空間とのつながりによって選択できます。一般的には、給水やガス配管、排気の制限から壁側にコンロを、室内側にシンクを設けて、対面して作業をするタイプが多いようです。

「サラダプレート」 20～22cm位。サラダ、デザート、オードブル用。朝食のトースト用にも便利です。使い易い大きさです。

(4) L字型

冷蔵庫、シンク、コンロをL字型に並べた配置で、ワークトライアングルが適切となり、作業効率が高まります。このタイプでは、ワークトップに囲まれた場所にダイニングテーブルが置かれることが多く、落ち着いた食事空間となりにくい傾向があります。

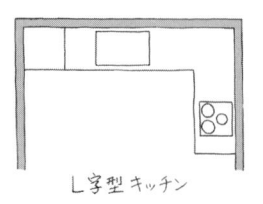

L字型の両サイドにシンクとコンロを振り分けると作業がしやすくなります。その間が調理スペースとなりますが、コーナー部分は奥まで手が届かないため、デッドスペースとなります。キッチンメーカーでは、このコーナー部分をうまく活かして収納にしたり、加熱調理機器を組み込んだ提案もなされています。

L字型の両サイドとも壁側に向けたタイプが多くみられますが、L字型のコンロのある方を壁側に向け、シンクのある方を、壁から突き出たように室内側に向けるペニンシュラタイプのレイアウトもあります。

(5) U字型

冷蔵庫、シンク、コンロをU字型に並べた配置で、最もワークトップの長さが長くなるタイプです。大家族向けで広いキッチン面積が必要とされます。U字型の内側の間隔は、900～1200mm程度ですが、2人以上で使用する場合は、1500mmくらいにすると使いやすくなります。

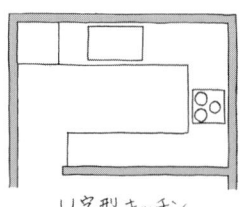

U字型の中央にコンロを置き、一方の壁側に冷蔵庫とシンクを配置し、もう一方をペニンシュラタイプとして配膳カウンターとすると、効率の

「ケーキプレート」 17～20cm位。ケーキ、デザート、サラダ用。歯のあるナイフを使わないので、皿面に柄がある物もあります。

よいレイアウトになります。収納スペースも十分に確保できるので、カウンターの上部には収納棚を設置せず、オープンにしておくと開放感が得られます。

(6) ペニンシュラタイプ

　ワークトップを壁側につけるのではなく、室内側に向けて壁から突き出した（半島のような）形のレイアウトです。キッチン型としては、1列型、2列型、L字型、U字型のどの型でも、ペニンシュラタイプとすることができます。ワークトップの全部または一部が室内側すなわちダイニングルームの方を向いていて、カウンターのみが置かれている場合は、ダイニングルームとの一体感が強くなり、丈の長いキャビネットを天上から吊ると、セミオープンなイメージになります。

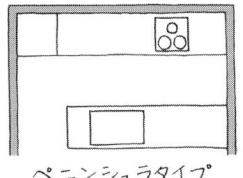

　ペニンシュラタイプの利点は、調理作業を行う時に、家族の方を向いているために疎外感が軽減されます。ペニンシュラ部分の使い方は、配膳スペース、シンク、コンロなどさまざまですが、シンクやコンロの場合は、水はねや油、煙がダイニング空間に流入しないように配慮する必要があります。

(7) アイランドタイプ

　ワークトップの一部を壁から離して、島のように部屋の中央部に配置するタイプです。ここには、シンクやコンロを設けて、家庭での料理教室やホームパーティなど、アイランドキッチンを囲

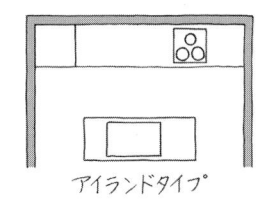

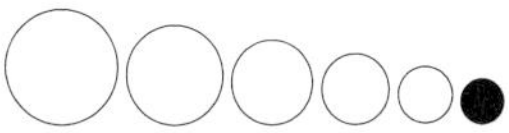

「パンプレート」　15〜17cm位。パン、プチケーキ、フルーツデザート用。ソーサーになる事も。フランス式のテーブルコーディネートでは、パンプレートを使わない事もあります。

んで数名で楽しく調理作業が行えます。アイランドの周囲には作業を行いやすいように十分なスペースが必要となります。

1-3　ダイニング空間

　従来の日本の住まいでは、茶の間と呼ばれる居間兼食事室でちゃぶ台を囲んで食事をしていましたが、明治以降、洋風化が進み、食事室という空間が生まれました。現在でも、独立した食事室を確保している住宅はそれほど多くなく、キッチンと一体となったダイニングキッチンや、居間と一体となったリビングダイニングという形式が多くみられます。ダイニング空間の主役は、ダイニングテーブルで、食事中のだんらん以外にも、広いテーブルを利用したデスクワークの家事や子どもの勉強スペースとして活用されることもあります。

(1) 食卓スペース

　ダイニング空間は、キッチンやリビングルームと兼用されることが多いために、テーブルを置くだけのスペースとされることもあります。このダイニング空間を、ゆったりと落ち着ける場所にするために、家具の大きさと部屋の大きさの関係を適切にして、通り抜けなどの動線を少なくすることも大切です。

　食事をするために必要な広さは、ひとり当たり、幅 600 mm、奥行き 800 mm 程度で、隣の席との最小間隔は 600 mm です。テーブルの奥行き 350 mm、椅子に座るスペースの奥行き

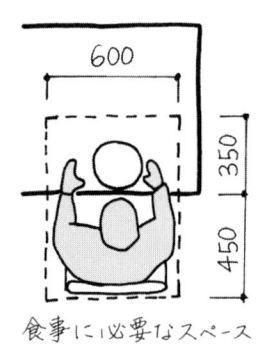

食事に必要なスペース

「サービストレー」　ケーキトレー、パーティートレー、ガトープレートなど色々な呼び方があります。ケーキやカナッペなどを盛ります。四角やそれ以外の形も多くあります。

450 mmを合わせて800 mmくらいとなります。テーブル周りの人の動線を考えると、椅子を引く場合にはテーブルの端と壁との間隔は750 mm、人が椅子の後ろを通る場合にはテーブルの端と壁との間隔は1200 mmくらい必要となります。これらの必要寸法を考慮すると、テーブルと椅子セットの最小スペースは、2人掛けで幅1200 mm、奥行き

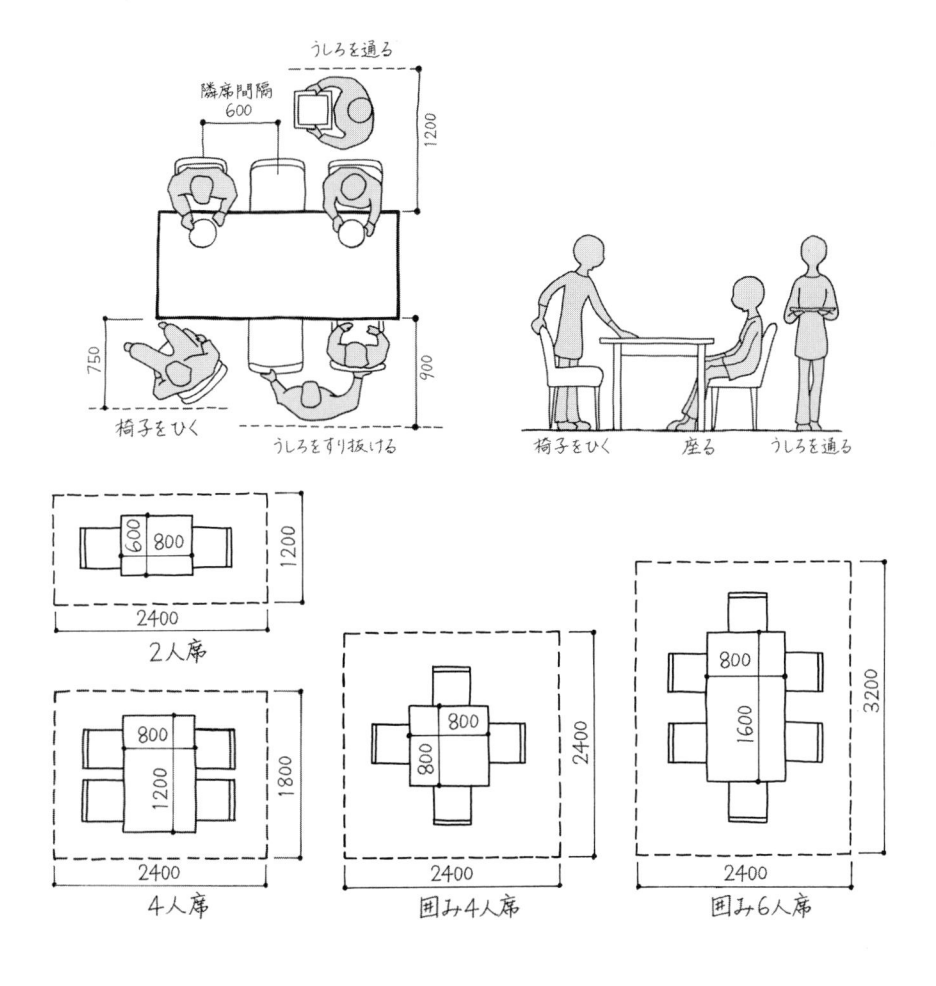

「タルトプレート」 ケーキをホールのまま置く皿。平で渕もギリギリに少し盛り上がって程度で、ケーキサーバーを添わせることができるようになっています。1枚あると便利です。

2400 mm 必要となり、4人掛けで幅 1800 mm、奥行き 2400 mm となります。これに通行のための空間とゆとり空間を合わせて、適切なダイニング空間を計画します。

(2) キッチンとの関係

　キッチン空間と食卓との関係を平面的と断面的にみてみましょう。

　平面的には、L型キッチンの間にダイニングテーブルが置かれたり、対面式のキッチンやカウンターに隣接してテーブルが置かれることが多いでしょう。ダイニングテーブルとは別に、対面式キッチンに向かい合って簡単なカウンターテーブルを設置することもあります。広さに余裕があれば、対面式キッチンに隣接してテーブルを置く方が、ダイニング空間としての落ち着きが得られます。椅子のうしろは壁や棚などを置いて囲まれた雰囲気にすると、ゆったりといつまでも座っていたい気持ちになるでしょう。

　断面的には、3つのタイプがあり、それぞれ特徴があります。1つめは、対面式キッチンの上部に丈の長い吊り戸棚を設置して、高さ500mm 程度のハッチから料理の受け渡しをするクローズドなタイプです。2つめは、キッチン上の吊り戸棚を丈の短いものにして、キッチン側とダイニング側の目線をつないで、コミュニケーションが取りやすくしたセミ

丈の長い吊り戸棚で仕切る　　　丈の短い吊り戸棚で仕切る　　　吊り戸棚なし
　　（クローズド）　　　　　　　（セミオープン）　　　　　　　（フルオープン）

「オーバルプレート」　楕円のお皿。パーティープレートとして大型の物が殆どです。大きいものは「オーバルプラター」ともいいます。

オープンなタイプです。3つめは、キッチンの上に吊り戸棚を設置せず、両者の空間を一体化したフルオープンなタイプです。キッチン側からダイニング空間が見えるということは、逆にキッチンも全て見えてしまうので、洗い物やキッチン用具などをきちんと整理することが、フルオープンタイプでは特に大切です。

　キッチンで作業する人と、ダイニングテーブルに座っている人の目線について考えてみましょう。キッチンのワークトップで作業している人の目の高さは 1500 mm くらいです。また、ダイニングテーブルに座っている人の目の高さは 1200 mm くらいで、300 mm くらいの差があります。せっかく、対面式キッチンで、テーブルに座っている人とコミュニケーションを取るなら、この高さの差を解消することが望まれます。ここで、2つの方法を紹介します。

　1つめは、テーブルの高さをワークトップの高さと合わせて、床から 900 mm の高さとします。その際に椅子も、ハイチェアという高めのものにすることによって解消します。もうひとつは、これもテーブルの高さをワークトップの高さと合わせるのですが、テーブルの高さはそのままで、キッチンの床レベルを 200 mm 下げることによって解消します。ただしこの段差がバリアとなることもあるので注意が必要です。

高さの差をそのままに　　テーブルを高く・ハイチェアにする　　キッチン床を低くする

「サンドウィッチプレート」　細長く平らなプレート。ケーキやオードブルを盛るのにも便利です。

■コラム　台所とキッチン1〜ことばの語源

　本著では食空間として「キッチン」という言葉を使っていますが、日本語で住まいなどの炊事の場を「台所」といいます。

　「台所」の語源は、よく知られていますが、平安時代の内裏や貴族の家にあった「台盤所」（だいばんどころ）です。台盤所は、台盤という食物を盛る盤を載せる台を置いて配膳する部屋で、台所のもともとの意味は炊事場ではなく、配膳室であり、後には宮中での女房の詰所のことも指しました。その頃の炊事は、別棟の大炊殿（おおいどの）や厨（くりや）で行い、身分の高い人々から炊事の匂いや煙を遠ざけていました。中世になり、武士の住宅である書院造りになってから、住まいの奥に炊事場がおかれ、これを台所というようになりました。現代の洋風の住まいでは、台所というより、キッチンという言葉の方が、よく耳にしますね。

　その英語の「キッチン」(kitchen) は、ラテン語の coquina（火を使うところ）や古英語の cycene が語源で、これらが転じてキッチンとなりました。フランス語の「キュイジーヌ」(cuisine) は、台所など調理をする場所を意味しますが、1970年代のフランス料理の革命「ヌーベル・キュイジーヌ」で日本の懐石料理の手法を取り入れたことより、旬や地域の素材にこだわり工夫された料理という意味もあります。

「B＆B‐プレート」　ブレッド＆バタープレートの略。丸型もあり、朝食のパン、バター、卵料理などを一緒に盛るお皿。もちろんディナーには使いません。

しあげ

2

2-1　住まいの仕上げ材料

　住まいのインテリア空間を計画する際、その部屋の機能やデザイン性を考慮して、床や壁、天井の仕上げ材料を選定します。
　民家など「風土の住まい」では、その土地の気候風土のなかで、室内環境を快適にするようさまざまな工夫がなされています。建築材料も、木、竹、草、布、紙、動物の皮、土、石、レンガなど、その土地にある自然から得られる素材が使われてきました。現在の住まいでは、それに加えて、プラスチックやガラス、金属など工業製品の材料が、経済性やメンテナンスのしやすさから増えています。自然素材は、手入れをきちんと行えば長持ちし、使い続けることで愛着がわき、使い込まれた「美しさ」を有しています。この自然素材を再評価して、やすらぎの住まい空間を創造したいものです。
　さまざまな仕上げ材料がありますが、ここでは主にキッチンやダイニング空間で使われる材料について詳しくみてみましょう。

2-2　床の仕上げ材料

　床材料には、その使用に耐えるために、耐摩耗性、耐水性、耐光性、耐変色性、防炎性、耐熱性、安全性、遮音性、断熱性、メンテナンス性などが求められます。床材料の種類としては、木質系、プラスチック系、石・タイル系などがあり、用途やデザインに応じて選定します。

「クレッセント」ピクルス皿。三日月型のプレート。主にピクルス用ですが、あると便利なオシャレなお皿です。

(1) 床材料に求められる機能

・耐摩耗性

　歩いたりキャスターを移動したりすると床材が摩耗しますが、耐摩耗性は、床材の性能として最も重要なものです。石などの硬い材料は耐摩耗性は高いのですが、弾力性に欠けるため、歩行感のよい弾力性のある床材が選ばれる傾向があります。そのような場合、表面の加工などにより、耐摩耗性を高めることが大切です。また、重い家具を置いたときに、床が変形しないような耐荷重性も必要です。

・耐水性

　キッチンや洗面所、トイレなどの水回りでは、下地材、仕上げ材ともに耐水性のある材料を用いて、床の表面や床下からの湿気によって、床材が腐食したり、膨れたり、カビが発生しないようにすることが大切です。

・耐光性、耐変色性

　直射日光の差し込みによって、変色しにくい材料とすることも大切です。そのためには、染色堅牢度の高い表面仕上げにします。変色の主要因は日光の紫外線なので、床材だけでなく、窓ガラスを紫外線カットガラスにするなどの方策も有効です。

・防炎性、耐熱性

　床に直接火のついたものが落ちた際に、焦げ跡は残っても火災になりにくい防炎性のある床材にする必要があります。床に暖房器具を置いた際に、その熱で長期的に変形などしない耐熱性能も求められます。

・安全性

　浴室や洗面所などで、床面が濡れているときでも、滑って転倒しない表面仕上げが必要です。また転倒しても、弾力性があり大けがにな

「スーププレート」　本来はポタージュなどのクリーム系のスープ用ですが、コンソメやパスタ用にしてもOK。

らないような下地材、表面仕上げとすることも大切です。
　汚れやカビになりにくい衛生的な素材、有毒な化学物質を発生しない素材という安全性も確保しなければなりません。
・遮音性
　マンションなどでは、階下の住居に、ものを落とした音や、走ったりして響く音を抑える必要があります。最も優れているのはカーペットやコルクなどの弾力性のある床材です。また仕上げ材だけでなく、下地材のコンクリートを厚くすることも有効です。
・断熱性
　冷暖房の効率を高めるため、熱の出入りを小さくする断熱性能も求められ、カーペットやコルクなど空気層を含む素材が効果的です。下地材の間に、ポリスチレンフォームなどの断熱材を充填すると効果は高まります。
・メンテナンス性
　インテリア空間のなかでも床は汚れやすく、特にキッチンの床も汚れやすいので、清潔に保っておきたいところです。木質系の床材では、表面をワックスやオイルで仕上げるなどして、日頃から掃除のしやすいメンテナンス性のよい床仕上げにしておくことが大切です。

(2) 木質系の床材料
・無垢材
　自然素材の見直しやシックハウス対策などによって、無垢材のフローリングの使用が増えています。
　無垢材は、優しい色合いと表情、癒し効果のある芳香など、自然素材ならではの特徴があります。無垢材の美しい木目には、年輪に直角

「スープボウル」　ソーサーとのセットもあります。クラムチャウダー、オニオンスープなど具沢山のスープに。

に切り出し、まっすぐな線となってあらわれた「柾目」と、年輪に平行に切り出し、波形や山形の変化に富んだ「板目」があります。

　樹種の風合いや色合いで部屋の印象は変わります。針葉樹はやわらかく温かみのある触感で、ヒノキ、松、杉などがあります。広葉樹は強度があり堅い触感で、ナラ、ブナ、桜、ケヤキ、ウォルナット、チーク、メープル、バーチなどがあります。厚さ 10 ～ 20 mm、幅 50 ～ 180 mm くらいのサイズで用いられます。

・合板系フローリング材

　合板は、木を薄く剥いだ単板を、繊維方向に直行させて接着剤で貼り合わせて、反りを防いで強度を高めたものです。その合板の表面にナラやオークなどの堅木の薄板を貼ったものが合板系フローリングです。形状によって乱尺フローリングやモザイクパケットなどがあり、熱に強い床暖房用フローリングもあります。

・コルク材

　コルクガシの樹皮を加工したもので弾力性に富んだ素材です。粉砕したコルクを薄板に圧縮成型してつくったコルクシートは、断熱性や吸音性、防振性があり、歩行感も良好です。

(3) プラスチック系の床材料

　プラスチック系床材には、ビニル床タイル、ビニル床シート、樹脂の塗り床などがあります。

・ビニル床タイル

　塩化ビニルを主原料として、柔らかくする可塑剤、熱分解を止めて劣化を防ぐ安定剤、顔料、熱伸縮を抑える充填材などを加えて成形した床材です。厚さは 2 ～ 3 mm で、300 mm 角などのタイル状をし

「スープカップ」　ソーサー付きが普通。ブイヨンやコンソメ用。冷めないように深さがあります。取手を持って持ち上げてはいけません。もちろん、口を付けてもダメですよ。

ています。樹脂などの配合で、耐摩耗性やデザイン性、硬度が異なり、さまざまな種類があります。
・ビニル床シート
　ビニル床タイルと同様の方法で成形したものですが、シート状で継ぎ目の溶着も可能なので、広い部屋や水を使う場所などに適しています。発泡層のあるものとないものがあり、あるものの表面に透明ビニルを積層し、凹凸のエンボス加工をして印刷したものは、クッションフロアと呼ばれ、歩行感がよく、住まいでもよく用いられます。
・塗り床
　床面に現場でプラスチック樹脂を塗布したものを塗り床といいます。ビニル床シートより、さらに広い継ぎ目のない床面に用いられます。樹脂の種類によって、エポキシ系、ポリウレタン系、アクリル系などがあります。

(4) 石・タイル系の床材料
・石材の種類
　インテリアに用いられる石材は、花崗岩や大理石が床材としてよく使われますが、他には大谷石、テラゾー（人造大理石）などがあり、安山岩や砂岩などは外装の床や壁に使われます。
・石材の表面仕上げ
　石材は、表面の仕上げで表情が大きく異なります。床材によく使われる仕上げ方法は、水磨き、本磨き、挽き肌、バーナーなどです。他にも、割肌、びしゃん、はつり、小たたきなど、研磨機や槌を使って表面の滑らかさや凹凸に変化をつけたさまざまな仕上げがあります。

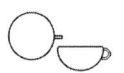

「スープマグ」　軽食用。最近ではインスタントスープ用に注ぐお湯の容量でのスープマグも多く売られています。

・タイルの種類

　タイルは、天然の粘土や石英などを原料にした、陶磁器の薄板で、寸法の精度が高く、サイズや色柄が豊富です。焼成温度の低い陶器タイルは、耐久性にやや劣るので、キッチンや浴室などの内装壁に用いられます。焼成温度の高い磁器タイルやせっ器タイルは、耐候性や強度が求められる外装や床などに用いられます。50 mm角以下の小さなサイズのものは、モザイクタイルといい、浴室やトイレなどに使われます。キッチンでは、加熱調理機器の壁面に使われることが多く、目地が汚れやすいために大判タイルもあります。

　床タイルは、耐候性、耐衝撃性のほか、耐破損性も重要で、寒冷地などでは、吸水率の低い磁器タイルにして、凍結による破損を防ぎます。また、床タイルは転倒防止を考慮して、表面を粗面状に加工したものが多くみられます。テラコッタという床タイルは、素朴なデザインが好まれ、ヨーロッパのカントリースタイルのインテリアなどに用いられます。

2-3　壁の仕上げ材料

(1) 壁材料に求められる機能

　壁には、和室などにみられる柱や梁など構造体を表す「真壁」と、ボードなどの仕上げ材料で柱を隠す「大壁」という2つの構法があります。壁仕上げは、それぞれの構法に合ったものにしなければなりません。

　壁材料には、防火性、耐火性、ホルムアルデヒドの含有量、遮音性、断熱性、吸音性などの物理的な機能と、美しさなどのデザイン的な機能があります。壁材料は、建築基準法の内装制限による防火性能、遮音性

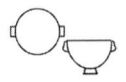

などと、空間デザインによる色柄やテクスチャーを考慮して選択します。特にキッチンなど火気使用室では、防火性能は重要で、汚れに対するメンテナンス性も重要です。ダイニング空間では、家具や床材と調和のとれた落ち着いた色柄や質感とします。

(2) 壁材料の仕上げ材料

　壁仕上げ材料には、左官などの湿式仕上げと、壁紙や板張りなどの乾式仕上げがあります。

　湿式の壁材料には、左官仕上げ、吹き付け仕上げ、タイルや石材などがあります。

・左官仕上げ

　　プラスター塗り、リシンかき落とし、じゅらく壁塗り、珪藻土塗り、漆喰塗りなどがあります。現場で材料を調合し、混練して、こてなどで塗ります。工程は、下地、下塗り、中塗り、上塗りに分けられ、砂などの骨材によって仕上がりの風合いを変えたり、塗り方で粗面、磨き、櫛引き、こてむらなどの表現ができます。自然材料で、長持ちし、汚れが目立たないなど環境にやさしい壁仕上げであるため、近年見直されています。

・吹き付け仕上げ

　　塗装と左官仕上げの中間の塗り厚で、砂壁やスタッコなどの表現が豊富で、色合いも自由です。吹き付けガンによって継ぎ目のない大きな壁面をつくることができます。ポルトランドセメントやプラスター、合成樹脂などの固形材と、寒水砂やパーライトなどの骨材を調合した材料です。

「サラダボウル」　大きいものは、ボウルの中でドレッシングを和えて、そのまま食卓に出します。

・タイル

　磁器と陶器の中間的な半磁器タイルが多く使われ、キッチンや洗面所、浴室などに用いられます。100 mm 角をはじめ、150 mm 角、200 mm 角、300 mm 角、ボーダーなど、さまざまなサイズがあります。

・石材

　砂岩や大谷石、人造石などが使われ、表面は磨き仕上げがほとんどです。壁の金具に引っ掛ける工法と強力接着剤で貼付ける工法があります。

　乾式の壁材料には、壁紙、木質系壁材などがあります。
　壁紙は、施工が簡単で、張り替えしやすい、汚れ防止や防カビ、防火、結露防止、脱臭などの機能を有する、色柄、テクスチャーなどのデザインが豊富という特徴があり、現代の住まいでは多く使用されています。壁紙には、ビニル壁紙、織物壁紙、紙壁紙などがあります。

・ビニル壁紙

　最も普及しており、色柄や種類も豊富です。ビニル壁紙には、石目調や織物調などエンボス（型押し）加工をしたもの、色無地やさまざまな柄をプリントしたもの、大きな柄をシルクスクリーン印刷したもの、ビニル層に発泡剤を入れて膨らましたものなどがあります。

・織物壁紙

　天然繊維、合成繊維、混紡糸などを素材とし、布の織り方によって、平織り、綾織り、朱子織りなどがあります。

・紙壁紙

　洋紙、和紙、非木材紙などを原紙として張り合わせ、エンボスやプ

「オーブンベジタブル」　温野菜などの付け合せを盛ります。

リントの加工を施したものがあります。
・木質系壁材

　　無垢材と合板があります。無垢材は、有害物質を含まず、室内の湿度を調整する作用がありますが、収縮や反りなどを生じることもあり、適切な施工が必要です。合板は、耐水性や耐熱性などの機能を有するものもあります。壁全体に使用すると重く暗いイメージになるので、腰壁として用いることもよくあります。

2-4　天井の仕上げ材料

(1) 天井材料に求められる機能

　天井の仕上げには、屋根裏や2階床構造を隠して、天井面をつくる方法と、屋根裏の小屋組の梁や母屋を見せて仕上げる方法があります。つくられた天井面は、大きな面を構成し、照明器具や空調設備などが設置されています。天井の仕上げ材料に求められる機能は、断熱性、防火性、耐火性、遮音性、吸音性、耐久性、耐汚染性、適度な光の反射、吸水や結露しないことなどがあげられます。

(2) 天井仕上げ材料の種類

　天井仕上げ材料には、塗装や左官などの湿式仕上げと、紙や板、各種ボード張りなどの乾式仕上げがあります。
・塗り仕上げ

　　防火性、耐湿性、断熱性などに優れているので、キッチンや浴室の天井などに用います。継ぎ目のない天井となるので、折上げ天井などに向いています。

「カバードベジタブル」　オーブンベジタブルの蓋付。付け合わせを入れ、蓋をして保温をします。

・左官仕上げ
　漆喰や石膏プラスターなどで、天井飾りや回り縁を細工し、クラシックなイメージにすることもあります。下地も重要で、天井から剥離しないように、きちんと固定しなければなりません。
・紙張り仕上げ
　壁と同様に、布クロス、ビニールクロス、紙張りなどがあり、大きな柄や凹凸の大きめのエンボスなども使用できます。
・木質系仕上げ
　和室では、天然木化粧板などを用いて、竿縁天井や網代天井などとすることがありますが、自然素材の見直しによって、洋室の天井でも、木質化粧板を用いられることが多くなりました。
・各種ボード仕上げ
　無機系として、ロックウール板、石膏ボード、けい酸カルシウム板などがあり、金属系としてアルミニウムやステンレスパネルなどがあります。さまざまな模様がつけられ、火災の時に燃えにくい準不燃材料や不燃材料として天井に用いられます。

2-5　塗　装

(1) 塗装の工事
　塗装の役割は、塗られた壁や天井、家具などの保護や、見た目の美しさを良くすること、また塗料によっては、耐火、耐熱、防汚、消臭などの効果も期待されます。塗装に伴う室内の空気汚染などが問題になっていますが、その対策としては、有機溶剤を含まない水を利用した塗料などを用いることが望まれます。近年は、合成樹脂の開発が進み、塗料の

「シリアルボウル」　朝食用。シリアルを入れミルクを注ぐので少し深めです。

種類も多くなり、使用目的や塗られる材料によって、適切な塗料を選ぶ必要があります。

　室内空間では、床や壁、天井の他に、ドアや枠、家具など、ほとんどの部分に塗装は欠かせません。キッチンやダイニング空間においても、フローリング床の場合、木目を生かし、メンテナンスしやすい塗料として、ウレタン塗料が広く用いられています。

　壁や天井は、壁紙仕上げが多いのですが、微妙な色合いを表現するときなどに塗装が使われます。塗装する場合は、シーラーという下塗り塗料を塗り、ボードなど下地材料への吸い込みを押さえて、付着性を高めておきます。次に中塗り塗料を塗り、付着性をより高め、ひび割れを防ぎます。さらに上塗り塗料により、耐熱性、耐水性を高め、色や光沢によりデザイン性を高めています。

(2) 塗料の種類

　木目など素材の質感を生かす透明塗装と、素材感を出さず色彩によって表現する不透明塗装があります。透明塗装には、素材に色を付けない無色系と、木材に対して茶色など着色するものがあります。いずれも、光沢の程度で、艶ありから艶なしまで5段階あります。主な塗料の種類には以下のものがあります。

・アクリル樹脂エマルションペイント

　　耐候性、保色性に優れ、水滴が生じるキッチンや浴室などの塗装に適しています。

・水性エマルションペイント

　　有機溶剤を含まないため安全性が高く、壁や天井の塗装に広く使われています。耐水、耐アルカリ性はやや劣ります。

「フルーツボウル」　カットフルーツ用。シリアルボウルより浅いボウルです。

- 塩化ビニル樹脂エマルションペイント
    塗膜性能に優れ、耐水性、防カビ性も良いため、キッチンや浴室などの壁、天井に使われます。耐アルカリ性も高く、モルタル下地の壁や天井にも用いられます。
- クリアラッカー
    スプレー塗りで透明な仕上げとなり、木工家具や室内の木部の塗装に使われています。
- オイルフィニッシュ
    刷毛塗りで木地の風合いを生かした艶の少ない柔らかい仕上げとなります。年に1度くらい塗り直すなどのメンテナンスが必要です。
- オイルステイン
    塗膜をつくらない浸透性のよい着色剤なので、木目を生かした美しい仕上がりで、木工家具などに使われています。
- その他
    インテリアに使われる天然系塗料には、漆やカシューがあり、光沢が美しいため、家具や工芸品に用いられます。
    木目を出さない塗料として、ラッカーエナメルやウレタン樹脂エナメルなどの塗料もあり、使用場所や目的に応じて使い分けられています。

「スープチューリン」 食卓でスープや煮込み料理を取り分けます。蓋付で豪華な装飾のものも多いです。

■コラム　台所とキッチン2〜火と煙が消える

　人間は、火で食物を加熱調理することで、おいしく食べる工夫を重ねてきました。キッチン(Kitchen)の語源も「火を使うところ」という意味でしたね。

　人類の歴史を振り返ると、石器時代までは、狩猟採集したものを屋外で、共同で調理して食べていたと考えられています。そのため、加熱調理する炉も屋外空間にありました。時代とともに、家族ごとに調理を行うようになり、屋内に炉が持ち込まれました。当初は、調理よりも採暖や照明が炉の役割でしたので、住まいの中央にありました。住居のかたちが円形から四角形になると、炉の位置は住まいの端に移動しました。住まいに火を持ち込むことは危険なことなので、人間は火の周りを石で囲んだり、さまざまな工夫をし、改良を重ねていきました。また立ち上る煙は、屋根材料の植物を燻すことで、長持ちさせる効果もありました。

　現代では電化が進んだ結果、電子レンジや電気炊飯器、IHヒーターなどで調理することで、実際の「火」を見ることがないキッチンもあります。秋刀魚を焼いたり、炭火で焼き鳥を行うなど、煙が室内に立ちこめる調理は、部屋が汚れたり、近隣への配慮から、家庭では敬遠されています。先人が工夫を重ねた多様な「火と煙」が、さまざまな美味しさを作り出しましたが、台所からキッチンになり、火や煙を使わなくなったことで、これらの食文化が消えてしまうのは、さみしいことだと思いませんか？

「キャセロール」　洋風鍋、シチュー鍋。料理をしてそのまま食卓へ。「オーブン・直火可」のものと、「オーブンのみ可」のものがあるので注意しましょう。

せつび

3

3-1　住まいの設備

　住まいにおいて、快適な室内環境として、清浄な空気、四季を通じて快適な温湿度、安全な水、明るい照明などがあります。これらの環境を整え、家庭機器を使うための電気やガスなどのエネルギー活用を良好にするために、設備が役立っています。この設備には、安全性、快適性、利便性、経済性、メンテナンス性などが求められ、地球環境にも十分配慮されていることが大切です。

　住まいの設備には、空気調和設備、換気設備、給排水給湯設備、衛生設備、ガス設備、電気設備、照明設備、情報通信設備、防災設備などさまざまなものがあります。ここでは、キッチン空間に関連した設備として、システムキッチンや加熱調理機器、給水給湯設備、換気扇などについて、詳しくみてみましょう。

3-2　キッチン関連の設備

(1) システムキッチン

　1950年代後半よりステンレス流し台が普及しはじめ、1970年代までは流し台、調理台、ガス台の3点セットの「セクショナルキッチン」が主流でした。1980年代より「システムキッチン」が普及し、現在では機能性やデザイン性の高いシステムキッチンが人気です。

　システムキッチンとは、シンク、調理台、加熱調理機器、収納などを自由に組み合わせ、継ぎ目のないワークトップで、キッチン空間にぴったり収まるキッチン設備です。キャビネット（収納）の扉は、色柄、質感など多様で、天然木やアルミなどの素材も用いられます。引き手など

「ソースボード（ソーサー付き）」「グレービー」　ソースやドレッシング用で注ぎ口があります。ソースボードもグレービーもカレーのときに見かけますね。

の金物のデザイン、ワークトップの素材なども重要な要素となっています。

　システムキッチンには、部材型と簡易施工型があります。部材型は、工場で製造された多くの部材を、現場で自由に組み合わせて完成させるキッチン設備です。しかし、受注生産によるこのタイプは高額なため、それほど普及せず、あらかじめ規格化された簡易施工型が主流となりました。こちらはユニット単位で選択したものを組み合わせるため、コーディネートや施工の手間が省けるため、手頃な価格となっています。

　システムキッチンの主な部品は次のとおりです。
　「台輪」は、フロアキャビネットを支えて、蹴込みとなっているものです。100〜150 mmの高さで、ワークトップの高さも調整できます。
　「フロアキャビネット」は、ワークトップ下の収納部分で、シンク用

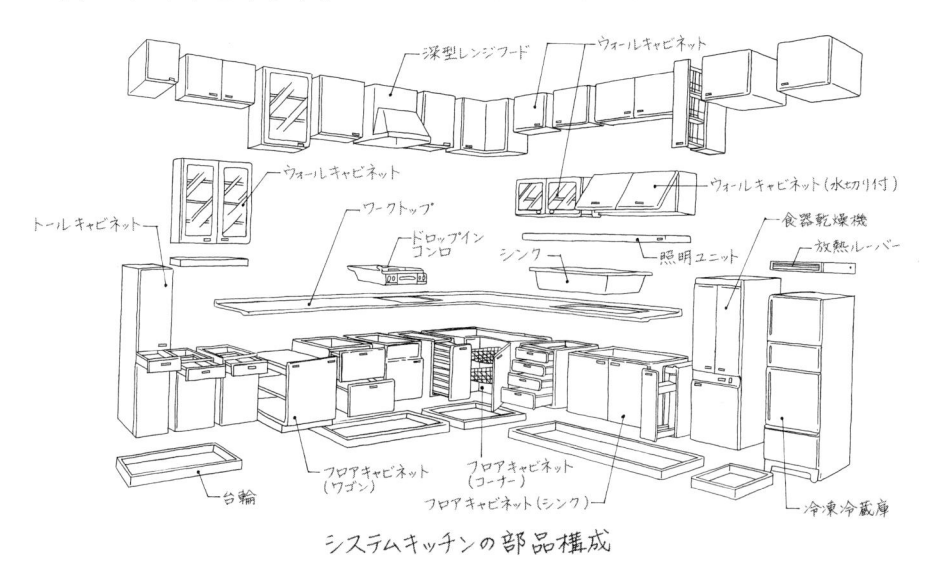

システムキッチンの部品構成

「ケーキコンポート」　脚が付いたタルトプレートです。平なものと、渕が少し持ち上がったものがあります。

や加熱調理機器用、ワゴン用などがあります。デザイン性のある扉や引き出しがついており、内部のシステム収納なども自由に選択できます。

「ワークトップ」は、調理作業を行うカウンターのことで、シンク部分も含めることもあります。ステンレス、人造大理石など素材や色が豊富で、奥行きは 600 mm が標準ですが、750 mm など広いものもあります。床からの高さは、使用者の身長に合わせますが、850 mm が標準です。

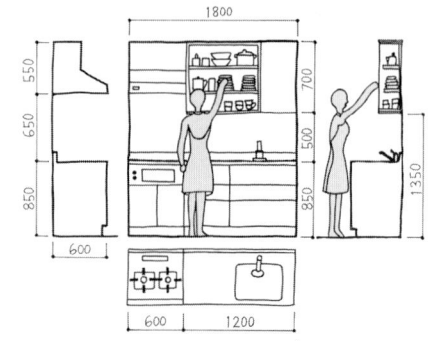

システムキッチンの寸法

「ウォールキャビネット」は、壁面に取り付ける吊り戸棚で、高さは 1000 mm、700 mm、500 mm 等があり、窓の位置や収納量などによって適切なものを選択します。食器類などの収納用として、ガラス扉のものもあります。「トールキャビネット」は、フロアキャビネットとウォールキャビネットが一体化した 1800〜2400 mm の背の高い収納棚で、食器、調理器具、食品などを保管します。

「フィラー」は、キャビネットを組み合わせたときに生じる隙き間をふさぐ調整部材です。「幕板」は、ウォールキャビネットと天井の隙き間をふさぐ化粧部材です。「化粧パネル」は、冷蔵庫や食器洗い乾燥機などの扉に使用するキャビネットと同じデザインのパネルです。「サイドパネル」は、システムキッチンの側面を覆うための化粧パネルです。

(2) 加熱調理機器

一般的な加熱調理機器は、ガスと電気によるオーブンレンジがあり、

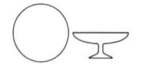

「フルーツコンポート」 浅い大きなボウルに脚が付いたもの。果物をそのまま盛ってディスプレイします。

電子レンジを組み込んだものもあります。ガステーブルには、標準の2倍となる4000 kcal以上のハイカロリーバーナーを備えたコンロもあります。

電気加熱機器には、シーズーヒーター式、ハロゲン式、電磁（IH）式があり、クッキングヒーターといいます。燃焼時に空気を汚さず、炎が出ないなどで高齢者の住まいにも適しています。

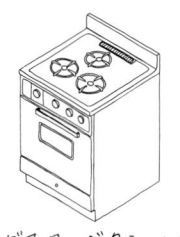

ガスコンベクション

(3) 食器洗い乾燥機

食器洗い乾燥機は、手で洗うより、時間、水、湯の節約ができるため、近年ますます需要が増えています。ビルトイン式とフリー式があります。ビルトイン式は、システムキッチンの一部に組み込まれ、電源や給排水があらかじめつなげてあります。一度に洗える食器の容量によりいくつかのサイズがあり、フロアキャビネットに組み込むものが一般的です。フリー式は、後づけでカウンター上の給排水が可能なシンク近くに置かれます。

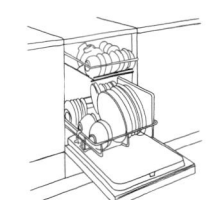

食器乾燥機

(4) 浄水器

家庭用浄水器は、活性炭の表面で化学反応や吸着により、残留塩素やトリハロメタン、カルキ臭などを取り除き、ろ過膜で細菌やカビ菌を取り除いています。

蛇口の先端に取り付ける蛇口直結式、カウンター等の上に置く据え置き式、水栓に浄水カートリッジが組み込まれた水栓一体式、システムキッチンに組み込まれたビルトイン式などがあります。

「コンポート」　脚（ステム）が付いた皿（ボウル）の総称です。小さいものから大きいものまであります。

(5) ゴミ処理機

　環境問題への関心より、生ゴミ処理機の導入も増えています。生ゴミの処理方法には、バイオ式と乾燥式があります。バイオ式は、微生物の働きによって水と炭酸ガスに分解し、減量するシステムで、乾燥式は、電気による熱源や温風で生ゴミを乾燥させ、減量するシステムです。それぞれ、屋内と屋外の設置タイプがあり、屋内型にはビルトインタイプや小型機もあり、導入しやすくなっています。

　生ゴミ収納庫は、キッチン前の投入口から屋外の収納庫に投げ入れるタイプで衛生的です。分別ゴミ収納庫は、可燃ゴミや資源ゴミを圧縮、分別し保管するものです。

(6) 冷蔵庫

　現在、冷蔵庫の普及率は100%近く、キッチンには無くてはならないものです。1950年代半ばに登場した冷蔵庫は1960年代に急速に普及し、1970年には90%の家庭に普及しました。冷蔵庫は、冷凍サイクルという仕組みで庫内を冷やしています。コンプレッサー（圧縮器）で圧縮された冷媒は、高温高圧になってコンデンサーで放熱しながら液化します。次に減圧され、冷却器で気化され、周囲から熱を奪うことで冷やしています。冷媒はコンプレッサーへ戻って再び圧縮され循環しています。冷蔵庫によって、食生活も大きく変わりました。食材を買い置くことが可能になり、1970年代の電子レンジの普及とともに、冷凍食品が家庭にも広がりました。最新の冷蔵庫には、食品や野菜の新鮮保存機能や強力脱臭機能などがあります。省エネ機能も進化し、年間電気代もここ10年で1/6になった機種もあります。また地球環境に優しい、代替フロンを採用した機種も注目されています。

「ティアトレー」　アフタヌーンティーやパーティー用の、真ん中に支柱のあるケーキトレーです。2段は「ツーティアトレー」といいます。収納しやすいように分解式になっているものもあります。

3-3　キッチンのユニヴァーサルデザイン

　高齢者や障がいを持った方に配慮して、その障壁となるもの（段差など）を取り除くという考え方の「バリアフリー」に対して、全ての人にとって使いやすくするために、人間工学を応用してデザインしたものを「ユニヴァーサルデザイン」といいます。キッチンにおいては次のような配慮が望ましいでしょう。

・キッチンレイアウト
　　作業動線を短く、横移動の少ないL型キッチンにします。
・ワークトップの高さ
　　よく使用する人の身長に合わせ、ショールームなどで実際に使用して高さを決めます。
・調理台
　　光の反射が少なく、まな板が滑りにくい、清掃性の良い材質にします。
・シンク
　　一般に深さを浅めにします。車椅子使用の場合は、フロアキャビネットに膝入れスペースを確保します。
・水栓金具
　　温度と水量が調整できるシングルレバー式混合水栓にします。

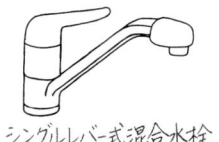

シングルレバー式混合水栓

・加熱調理機器
　　安全性を考慮し、操作しやすく、表示の見やすいものにします。
・収納
　　軽くスライドする引き出し式で、取手の指入れスペースは十分確保

「デミタスカップ＆ソーサー」　主にエスプレッソ用。容量は60〜80cc位。エスプレッソマシンにかけられるように丈夫なものが多いです。豪華な装飾のあるもの、高級感のあるものを「モカカップ」とも言います。

します。

3-4　その他の設備

住まいの設備のうち、キッチン空間にも関連する給水設備、給湯設備、排水設備、換気設備について、少し詳しくみてみましょう。

(1) 給水設備

給水設備は、水を衛生的に供給するための設備です。河川や湖、地下水から公共の上水道施設によって、各家庭に衛生的な水が供給されています。その給水量は、1日1人あたり200～400リットルで、4人家族では、1日1トンもの水を使い、トイレ、浴室、炊事、洗面・洗濯で1/4ずつ使用しています。その安全確保のために微量の残留塩素を残すことが決められています。そのため、カルキ臭やトリハロメタンという物質が発生するので、家庭用浄水器を取り付けている家庭もあります。

給水システムは、水道直結方式と受水槽方式の2つに分けられます。水道直結方式には、直圧方式と増圧方式があり、前者は、水道本管の水圧で直接給水し、2階建てまでの建物に利用されます。最も安価ですが、水不足の時など水圧が下がって、2階で水が使えない等の問題が発生することもあります。後者は、上水引き込み後に増圧給水設備を直結し、必要な水圧や給水量を確保するものです。

受水槽方式には、高置水槽方式、ポンプ直送方式、圧力水槽方式などがあります。高置水槽方式は、重力を使った給水方式で、3階建て以上

「コーヒーカップ＆ソーサー」　口が狭くて深さがある（冷めにくい）のが一般的です。容量は 120～140cc 位。

の建物に多く使われます。受水槽に貯水し、ポンプで屋上の高置水槽に揚水し、重力で各所に給水します。圧力が一定で停電時も使用できますが、水質の劣化が起こりやすいのが短所です。ポンプ直送方式は、受水槽に貯水し、ポンプで加圧し直接給水する方式で、高置水槽や圧力水槽が不要ですが、常時ポンプが稼働しているので運転コストがかかり、停電の際には断水となります。圧力水槽方式は、受水槽に貯水し、圧力水槽に送られ、水槽内の密閉空気を加圧して、給水する方式です。圧力変動があり、停電の時には給水できません。

(2) 給湯設備

　住まいのなかでも、使用目的によって給湯の適温は異なります。飲料用は 90 〜 95℃、キッチン一般用は 45℃、入浴・洗面用は 40 〜 45℃が標準となっています。給湯量は、入浴用が最も多く、その他の利用も含め、適切な給湯システムを選ぶことが大切です。

　給湯システムには、中央式、局所式（瞬間式）、局所式（貯湯式）があります。中央式は、大規模な給湯設備に採用され、機械室に加熱装置や貯湯タンクを設置して、給湯配管で湯を供給します。給湯管のみのものと、給湯管と返湯管を設けて湯を循環させるものがあります。局所式（瞬間式）は、小型加熱装置によって住宅など狭い範囲に給湯を行うものです。ガスなどにより必要な時に瞬時に必要量の湯を沸かして供給しますが、給湯量の変化により湯温が変化するなどやや不安定なこともあります。局所式（貯湯式）は、小規模な中央式のようなシステムで、一定の貯湯量を確保しておいて、配管によって必要な場所に給湯を行います。瞬間式より設置費用や設置面積が大きくなります。

「兼用カップ&ソーサー」　コーヒーと紅茶どちらにも使えるカップです。日本ではレモンの輪切りを浮かべやすい大きさが必要とされています。レモンティーを飲む国はわりと少ないんです。

給湯器は、燃料の種類により、ガス給湯器、石油給湯器、電気温水器などがありますが、ここでは、太陽熱温水器、ヒートポンプ給湯器、燃料電池コージェネレーションシステムなど近年注目されている給湯システムについて説明します。太陽熱温水器は、屋根面で太陽熱を集熱し、屋根にある貯湯槽から高低差で給湯するタイプと、地上の貯湯槽で熱交換して給湯するタイプがあります。雨の日や冬にも利用ができるように補助的にボイラーを用いるのが一般的です。ヒートポンプ給湯器は、大気中の熱を冷媒（二酸化炭素）に集めて、湯を沸かして給湯するものです。消費エネルギーが小さく、省エネにつながります。燃料電池コージェネレーションシステムは、ガスなどから取り出した水素と空気中の酸素から化学反応させて、電気をつくりだし、その時に発生する熱を蒸気や温水として利用する新しいエネルギー供給システムです。大気汚染物質の排出が少なく、低騒音、低振動で発電効率も優れています。

(3) 排水設備
　住まいからの排水には、人体からの排泄物などを含む「汚水」、キッチン、洗面所、洗濯機、浴室などからの「雑排水」、雨水、湧水などの「雨水排水」があります。この3つを全て別々に排水する「分流式」と、汚水と雑排水をまとめて雨水だけ分ける「合流式」があります。都市設備として下水道が完備しているところでは、公共下水道で汚水、雑排水などを集めて下水処理場で処理を行います。この下水道は雨水を含めるものと含めないものがあります。U字溝などの都市下水路は、主に雨水排除を目的として、直接放流されています。公共下水道が完備していないところでは、各家庭に合併処理浄化槽を設置して、処理した排水を水路などに放流します。

「ティーカップ＆ソーサー」 紅茶の色がよく見え香りが広がる口広の形状の物が一般的です。160〜180cc位。

住まいにおける排水関連の設備として、トラップがあります。これは、キッチンの流し台や洗面台、トイレ、浴室、洗濯機などの排水管の途中に排水をためて、配水管から逆流する臭いや虫などの侵入を防ぐものです。このたまり水は封水といい、トラップの封水破壊が起こらないようにしなければなりません。トラップは、その形状によって、Sトラップ、Pトラップ、Uトラップ、ドラムトラップ、わんトラップなどがあります。

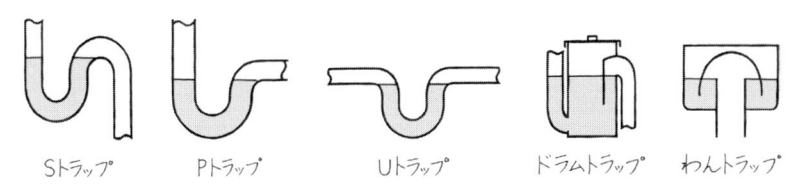

Sトラップ　Pトラップ　Uトラップ　ドラムトラップ　わんトラップ

(4) 換気設備
　従来の日本の住まいでは、蒸し暑い夏に、通風によって、室内の温湿度環境を良好に保つよう工夫されていました。そのような風通しのよい住まいでは、新鮮な空気の供給と汚染空気の排出、結露や防カビを目的とした換気についても、自然に任せていました。しかし近年は、気密性の高い住宅となり、換気は機械設備に頼るようになっています。
　室内空気の汚染物質として、ダニやカビなどの生物、二酸化炭素などの空気、ホルムアルデヒドなどの化学物質、塵埃などの粒子状物質などがあります。近年では、ホルムアルデヒドなどによるシックハウス症候群が問題視され、法律による基準も改正され、換気設備の設置が義務づけられています。

　換気方法には、機械による方法と、風圧や気温差など自然を利用する方法があります。

「カフェオレカップ・モーニングカップ＆ソーサー」　カフェオレ、アメリカンコーヒー用の大き目のカップ及びカップ＆ソーサーです。

機械換気設備には、第1〜3種の分類があります。
・第1種換気設備
　給排気とも送風機で行う方法で、室内の空気圧を調整でき、確実な換気が行えます。
・第2種換気設備
　給気のみを送風機で行い、排気は自然排気口で行います。室内が常に正圧（大気圧より高い）で、室外からのほこりやにおいの侵入を防げるので、清浄に保つ必要のある手術室などで用いられます。
・第3種換気設備
　排気のみを送風機で行い、給気は自然排気口で行います。室内が常に負圧（大気圧より低い）で、室内で発生した臭いや水蒸気が室外に漏れません。住まいでは、キッチン、便所、浴室などで用いられます。

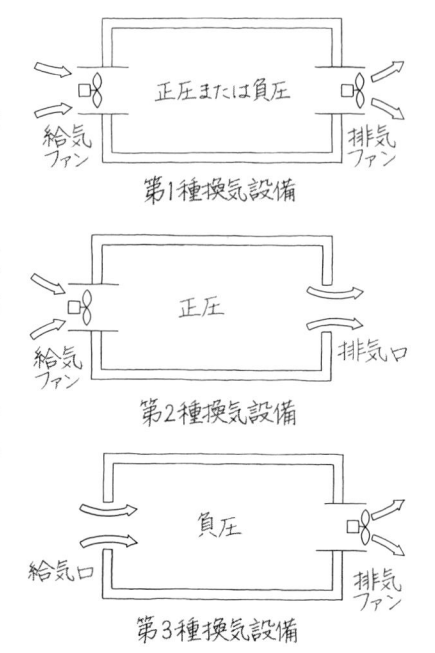

　自然換気設備は、風や温度差によって室内外に生じる圧力差を利用して自然換気を効果的に行います。給気口と排気口を床からの高さを変え、風上と風下の開口面積をバランスよく取ります。給気口は天井高さの1/2以下の位置に設け、排気口はそれより高い位置に設けることが規定されています。

　キッチンなどに設置される換気設備には、プロペラ式換気扇とダクト

「マグカップ」　片手で気軽に飲むためのカジュアルなカップです。安定のいい物を選びましょう。取っ手の大きさも要注意です。

用換気扇があります。壁に取り付けるプロペラ式は、大風量で排気能力に優れ、屋外に直接排気できる戸建住宅のキッチンなどに設置されます。汚れたら交換が可能なフィルターが備えられ、油煙の 70％はフィルターで捕集され、残りの油煙も排気によって屋外に排出されるために、本体はほとんど汚れません。

　天井に取り付けるダクト式は、天井裏のダクトから屋外に排気する方式で、遠心力ファンにより送風します。高速ダクトのターボファンと、静圧が高いシロッコファンがあります。システムキッチンのレイアウトが対面式や内壁に面しているタイプが増えたため、ダクト式のレンジフードが増えています。また、IH クッキングヒーターは上昇気流が少ないため、誘導流による吸引を行う専用タイプもあります。

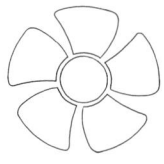

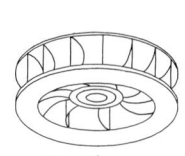

プロペラ式換気扇

ダクト式レンジフード

プロペラファン　　ターボファン　　シロッコファン

「カフェオレボウル」　取手のないボウル形。カフェオレボウルというのは日本だけの呼び方。フランスではただのボウルです。だからお茶碗やデザートボウルと何にでも使って OK。200〜300cc 位。

■コラム　台所とキッチン３〜食糧備蓄基地として

　近代までは、味噌や醤油などの調味料も自家で製するものでした。味噌などは、保存食で家庭の味でもあり、手前味噌を切らすことは恥とされていました。他にも、たくさんの漬物や佃煮、干物など保存食を加工して保存する場が、台所空間の一部である土間でした。炉とともに食料を貯蔵する穴は、縄文時代の住まいからあり、戦前までは台所に家庭の味が備蓄されていました。

　味噌や漬物、たくさんの芋を保管する壺などを置いておくスペースが、皆さんの家庭のキッチンにはあるでしょうか。現代のキッチンは、室内空間にコンパクトに設計されるために、保存食を作ったり保存したりすることは難しくなりました。スペースだけの問題でなく、現代の住まいは「外部化」というものが進み、昔は家庭で作ったり行ったりしたことが、家庭で行われなくなり、ほとんどの食品はスーパーなどで「購入するもの」になりました。また、食生活の変化によって、味噌や漬物、芋などもたくさん食べなくなりました。これらに代わって、大型冷蔵庫や食品庫は、加工食品や冷凍食品などのインスタント食品で溢れています。本来は冷暗所で保管しておく食品まで冷蔵庫に入れられ、きちんと整理しないと、食べないまま処分することになってしまうことも少なくないでしょう。

　台所を「勝手」とも言い、食糧すなわち「糧（かて）」を置いておく場所であったことが語源という説もあります。災害時など、いざという時にも備えて、現代的なキッチンの食糧備蓄の役割を見直してみましょう。

「コーヒーポット」　縦長で高さがあり、注ぎ口が長いのが一般的。口の狭いカップに正確に注ぐことが出来ます。

まど

4

4-1　窓の種類

　住まいには、さまざまな形の窓があり、採光、通風、換気、断熱など室内環境を快適にする機能や、プライバシー保護、防犯など住まいを安全にする機能のほかに、外観やインテリアのデザインを高める役割があります。キッチンやダイニングにおいても、室内空間の用途や雰囲気に合わせて、窓の位置や大きさ、開閉形式を選ぶ必要があります。

　キッチンでは、シンクや調理台などカウンタートップが外壁に面するか、室内に対面しているかによって、窓のデザインは異なります。外壁に面している場合は、カウンター上の壁一面に大きな窓を設けることによって、明るく清潔なイメージになり、庭の緑も楽しめます。対面式キッチンの場合は、側壁に縦長の窓を設置し採光を取り込んだり、開閉できる窓によって通風も得ることができます。

　ダイニング空間では、テーブルを窓際に置くことによって、明るい卓上となり、外の景色や緑を楽しみながら食事をとることができます。テーブルサイズと合った窓幅で、テーブルより少し上に設置すると採光や、眺望に適した位置となります。

(1)　窓の素材

　住まいの窓には、アルミサッシが多く使われています。アルミサッシは耐久性のほか、気密性、防音性などにも優れています。従来はシルバー色が主でしたが、ブラックやホワイトなど色も豊富になり、デザイン性も高まっています。

　木製窓は、日本でも民家などに用いられてきましたが、気密性が悪く腐りやすいなど、戦後アルミサッシが普及するにつれ、姿を消しつつあ

「ティーポット」　丸型で背が低いのが一般的。茶葉がジャンピングできる形状です。大きさは Tea for two（2杯用）、Tea for four（4杯用）、Tea for six（6杯用）など。茶濾しの機能はなくティーストレーナーを使います。

りました。しかし、高性能の木製サッシが輸入され、木のもつ質感の良さやデザインが評価され、国産の木製サッシも増えてきました。外部にアルミサッシ、内部に木製サッシを組み合わせた窓もあり、アルミの耐久性と木の断熱性を兼ね備えています。また外部を合成樹脂で包んだ木製サッシもあります。

(2) 窓の開閉形式

　従来の日本の住まいには、襖や障子など引き戸の延長である「引き違い窓」くらいしかありませんでしたが、住まいの洋風化に伴い、さまざまな形状や開閉形式の窓が普及しています。

・引き違い窓

　　日本では最も多く用いられている形式で、左右の建具が横にスライドするタイプです。人の腰あたりから上の壁に設置される窓と、床まであって、人やものが出入りできるテラス窓があります。

・パラレルスライド（片引き窓）

　　平らな面の建具を手前に引いてスライドさせる窓で、デザインがよいのと、はめ殺し部分も掃除できます。

・ヘーベシーベ（大型引き戸）

　　ハンドルで戸車が建具を持ち上げ、大型の引き戸でも、軽く開閉を行うことができます。また、ハンドル操作で建具を密着させてロックもできます。シーベは引き戸という意味です。

・シーベキップ（引き戸内倒し）

　　片引き戸でありながら、軽く内側に倒して換気をすることもできます。キップは内倒しという意味です。

「クリーマー」 小さいジャグ、ピッチャー。コーヒー用（クリーム）は縦長、ティー用（牛乳）は大きい。ミルクピッチャーともミルクジャグともいいます。

・上下スライド窓
　建具が上下に動く窓で、洋風のデザインに合います。上部が固定されて動かないものと、上下が自由に、またバランスして動くものもあります。
・外開き窓／内開き窓
　ドアのように建具が外側または内側に開く窓で、一般的には外開きが多いのですが、水密性が向上し、内開きも増えています。ガラス掃除も簡単で、外側に面格子なども取り付けられます。
・ドレーキップ（内開き内倒し）
　内開き窓でありながら、軽く内側に倒して換気をすることもできます。ドレーとは内開きという意味です。
・平行突き出し窓
　ハンドルで、建具が少しだけ外に突き出る窓で、風が直接入り込まず、隙き間から換気ができるのが特徴です。
・回転窓
　垂直軸で建具を左右に動かす縦軸回転窓と、水平軸で建具を上下に動かす横軸回転窓があります。気密性や水密性が高く、建具を回転させて風通しを調整することができます。
・ケースメント（縦すべり出し）
　ハンドル操作で開閉する、縦すべり出しの窓です。
・オーニング（横すべり出し）
　ハンドル操作で開閉する、横すべり出しの窓で、1段のものもありますが、多段のものが多くみられます。
・ガラスルーバー
　ハンドルで、幅100 mm程度のガラス板（ルーバー）が回転して、

「ジャグ」 取手がついた水差しのこと。ミルク用は「ミルクジャグ」お湯差しは「ホットウォータージャグ」といいます。

通風や換気ができる窓です。
・フィックス（はめ殺し）
　ガラスが固定されて動かない窓で、採光や眺望が期待できます。

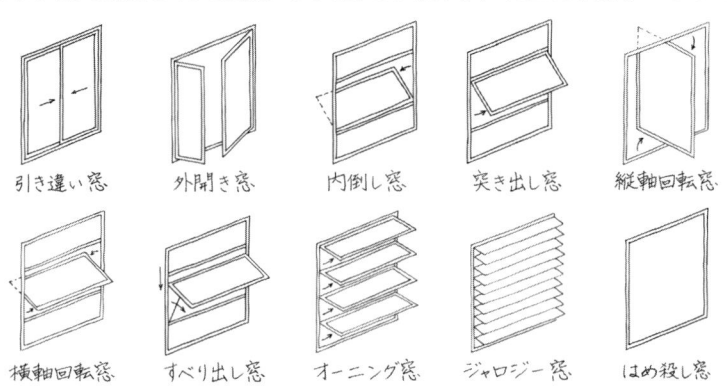

引き違い窓　外開き窓　内倒し窓　突き出し窓　縦軸回転窓

横軸回転窓　すべり出し窓　オーニング窓　ジャロジー窓　はめ殺し窓

・出窓
　外壁より 300 mm くらい出幅があるのが一般的で、一部の建具が開閉します。角形出窓、台形出窓、三角出窓、ボウウィンドウ（弓形出窓）、コーナー出窓などさまざまな形状の出窓があります。出窓の

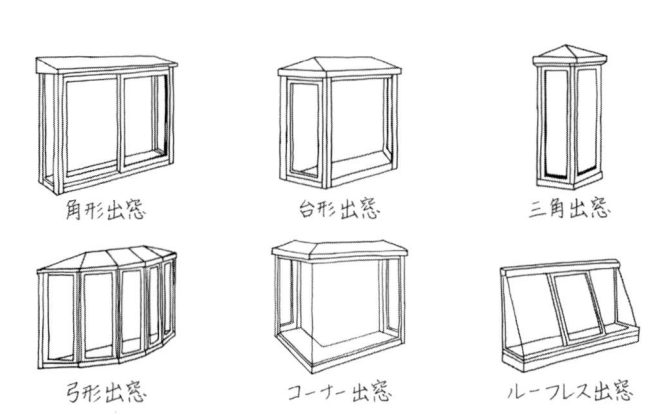

角形出窓　台形出窓　三角出窓

弓形出窓　コーナー出窓　ルーフレス出窓

● グラスの種類 ●

ソーダ・クリスタルガラス・耐熱・リサイクルガラスと高価なものから日常のものまで多種多様なグラスウェア。なかでもお酒のグラスは用途が決まっているものも多く、知っていると食事やお酒の世界が広がります。

下部を収納にしたものや空調機を設置したものもあります。
・天窓（トップライト）
　屋根に取り付けられた窓で、効率的に太陽光を取り込むことができます。北側の部屋や廊下、階段などに設置することで、明るい室内空間が得られます。採光のためだけの固定式と、風も取り込む開閉式があり、電動で動かされます。断熱のためにペアガラスの窓が多く、内側にブラインドやロールスクリーンが付くものもあります。

(3) 機能的な窓
・二重サッシ
　外側と内側にサッシを二重にしたもので、はじめから二重のものと、既存のサッシの内側に後付けでサッシを入れて二重にするものがあり、普通のサッシよりも、断熱性や遮音性の効果が高まります。
・複層ガラスサッシ
　サッシにペア（二重）ガラスやトリプル（三重）ガラスが入れられた窓で、アルミ以外にも木製や樹脂製などがあります。冬季などに窓ガラスの内側表面に結露しにくい窓です。
・ブラインド内蔵サッシ
　ペアガラスの間に幅の小さなブラインドが入っており、室内からブラインドの開閉操作ができます。

4-2　ウィンドウトリートメントの機能と種類

　ウィンドウトリートメントとは、窓装飾の意味がありますが、飾りだけではなく、機能的にインテリアを快適にするものです。

「フルートグラス」　シャンパングラスの基本的な形の一つ。細長いボウル部分は、色・泡を楽しむ事ができる視覚的に優れた形です。いつまでも泡がのぼっていき消えないのがいいグラスです。

外部環境との接点である窓に、ウィンドウトリートメントを設置して、うまく調整することによって、環境と共生した住まいを実現できます。日差しの強い夏には、室内に侵入する直射日光を遮りながら、通風を取り込むことで、室内を涼しく快適にすることができます。冬には、たっぷりと日差しを室内に取り込み、室内を暖かく快適にします。

　リビングルームなどの大きな窓のウィンドウトリートメントは、部屋のインテリアを左右する重要な要素となるため、床や壁などの仕上げ材や家具などのインテリアイメージと調和を図ることが大切です。ダイニング空間で食卓を窓際に寄せた場合、小さな窓なら、カフェカーテンやローマンシェードにして明るいイメージにするのも良いでしょう。キッチン空間では、明るく清潔なイメージでアルミのベネシャンブラインドなどが良いでしょう。これらのウィンドウトリートメントの機能や種類について学びましょう。

(1) ウィンドウトリートメントの機能
・自然光の調整
　　昼間の採光を適度に取り入れ、部屋を明るく快適にすることが大切です。
・遮光性
　　寝室で就寝する場合などに、自然光や夜間の街灯などが、完全に入らないよう、遮光素材が用いられています。
・断熱性
　　夏季の暑さや冬季の寒さが、窓から室内に伝達しないように、断熱性能が求められます。壁や床との隙間をつくらないように設置します。

「シャンパンクープ」　クープ型、ソーサー型ともいい、香りの発散を楽しめ、パーティなどの乾杯用によく使われ、その他にも様々なカクテル用に使われます。古くからのシャンパングラスはこの形です。

・遮音性
　屋外の騒音が室内に侵入するのを遮ったり、室内で発生する楽器や音響などの音が近隣に漏れるのを、遮音性の高い素材によって防ぎます。
・プライバシー保護
　道路や近隣の建物などからの視線を遮って、室内のプライバシーを守ります。
・防炎性
　火災が広がる経路である窓を、難燃性の高い素材でつくることで、火災の延焼を防ぎます。
・装飾性
　光や音などの物理的環境を快適にするだけでなく、インテリアデザインとしての窓辺の美しさも大切です。ウィンドウトリートメントの色、柄、素材、スタイルなどをトータル的に選択し、室内空間のイメージにあった装飾とします。

(2) ウィンドウトリートメントの種類
　ウィンドウトリートメントには、さまざまな形のものがあり、主なものとして、次のようなウィンドウトリートメントがあります。
　ドレープカーテン、遮光カーテン、レースカーテン、シアーカーテン、ケースメントカーテン、スタイルカーテン、ベネシャンブラインド、バーチカルブラインド、ローマンシェード、ロールスクリーン、プリーツスクリーン、ハニカムスクリーンなどがあります。

「その他のシャンパングラス」　左から、チューリップ型、トランペット（ゆり）型、ホローステム。

4-3　カーテン

(1) カーテンの種類

　カーテンには、綿、麻、毛、レーヨン、ナイロンなどさまざまな素材の布地が使われていて、シワになりにくいものや防炎加工したものもあります。生地の厚さや形状による種類があります。

・ドレープカーテン

　　光を通さない厚い布地のカーテンで、ジャガード織りで色柄を表現したもの、ふくれ織りの凹凸感のあるもの、ドビー織りの無地、チェック、ストライプ柄のものなどがあります。

・遮光カーテン

　　ジャガード織りの厚手のものや、黒糸を織り込んだもの、アルミを真空蒸着したもの、ウレタン樹脂をコーティングしたものなどがあり、遮光機能をより高めています。

・レースカーテン

　　織物ではなく編物で、透過性があるカーテンです。欧米では、レースもケースメントもシアーカーテンと呼びますが、日本では分けて呼ばれています。寸法安定性、耐久性、耐光堅牢度に優れたポリエステル製が主流となっています。

・シアーカーテン

　　透過性のあるファブリックの総称で、平織りで色数をそろえたり柄をプリントした「ボイル」、極薄手のモスリン織りでシャープな感触の「オーガンジー」、クレープ状のテクスチャーの「ジョーゼット」、透明と半透明の対比による柄の「オパール」、平織りの目の透いた薄地で固めの感触の「ローン」などがあります。

「ピルスナーグラス」　一般的なビールグラス。本来はライトな味わいのピルスナービールの為のグラスです。

・ケースメントカーテン

　ドビー機で絡み織りされ、粗い織り目でも糸がずれないカーテンです。太陽光を通し素材の質感や色調を演出するのに効果的で、単独で使用されます。

・スタイルカーテン

　より装飾性を高めたカーテンで、さまざまな形があります。代表的なものに、センタークロス、クロスオーバー、ハイギャザー、スカラップ、セパレート、カフェなどがあります。

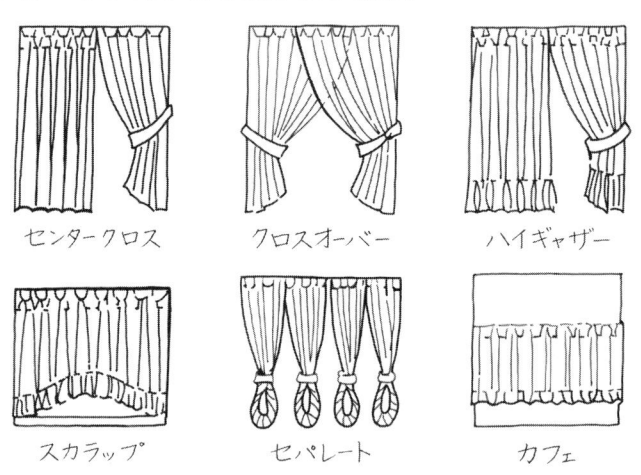

| センタークロス | クロスオーバー | ハイギャザー |
| スカラップ | セパレート | カフェ |

(2) カーテンの構成要素

　窓辺を飾るウィンドウトリートメントは、カーテン本体の生地やスタイルのほかに、カーテンを吊るすレールやカーテンボックスなどの「トップトリートメント」、タッセルやトリムなどの「カーテンアクセサリー」もデザインイメージを決める重要な構成要素となります。

「ビアジョッキ」　取手の付いたビール用のマグ。他にも錫、銀、陶器、木製などがあり、蓋付もあります。

まど 53

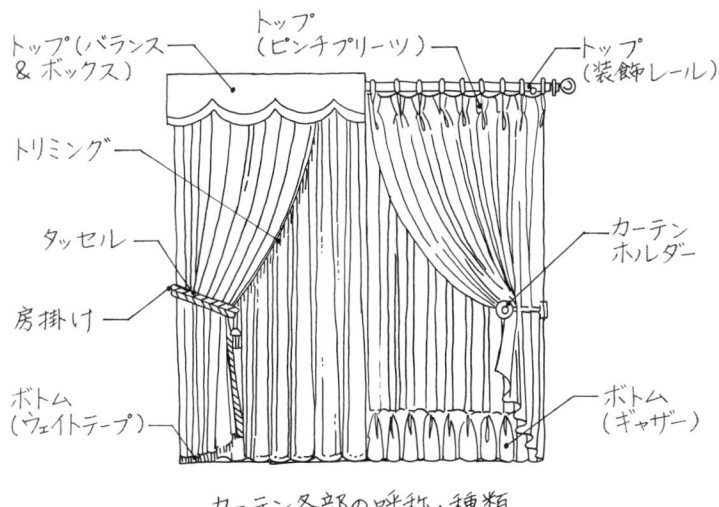

図：カーテン各部の呼称・種類
- トップ（バランス＆ボックス）
- トップ（ピンチプリーツ）
- トップ（装飾レール）
- トリミング
- タッセル
- カーテンホルダー
- 房掛け
- ボトム（ウェイトテープ）
- ボトム（ギャザー）

・トップトリートメント

①プリーツ

　　プリーツの数や形がドレープの厚みに表れて、重厚感や保温、遮音などの機能に関係します。種類は、片ひだ、はこひだ、二つ山ひだ、三つ山ひだなどがあります。

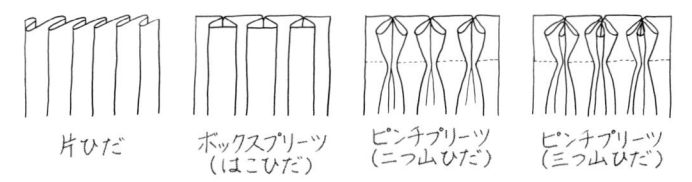

- 片ひだ
- ボックスプリーツ（はこひだ）
- ピンチプリーツ（二つ山ひだ）
- ピンチプリーツ（三つ山ひだ）

②装飾レール

　　木製や金属性のポールに装飾を施した装飾レールがあります。このバーに、テープ状に吊るすタブスタイル、リボン状に結ぶリボンスタイル、はとめリングに通すはとめスタイル、クリップ状に吊る

「ベルギービールグラス」　種類の多いベルギービールには、1つのビールに1つの専用グラスがあるといわれています。専用グラスで飲むと、そのビールの味がしっかり味わえます。

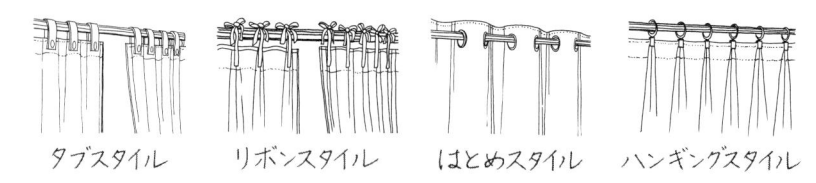

タブスタイル　　リボンスタイル　　はとめスタイル　　ハンギングスタイル

すハンギングスタイルなどがあります。

③バランス

　カーテルレールを隠して、装飾性を高めるバランスカーテンで通常250〜300mmくらいの高さとします。隙き間から光や冷気が入るのを防ぐ役割もあります。フラットバランスやギャザーバランスなどの種類があります。

④カーテンボックス

　壁や天井に取り付けたボックス型のカーテンレールで、バランス機能も有しています。

⑤カーテンレール

　装飾レールとは別に機能性レールがあります。ランナーの滑りが向上し、消音、コーナー、吊りレール、電動タイプなど、さまざまな機能をもったものがあります。

⑥スワッグ＆テール

　スワッグは、水平に折りたたんだ生地を、下に向かって重みで自然にひだを出すことで、テールは、窓の両端に垂らす装飾的な布のことです。この垂らし方でさまざまな表情をつくります。

・カーテンアクセサリー

①タッセル

　昼間などカーテンを開けたときに、脇に寄せて止める帯のことで、

「ワイングラス」 大、小と並んでいたら、大きいほうが赤ワイン用、小さいほうが白ワイン用です。

カーテン生地と共布でつくります。タッセルもデザインのアクセントとなります。

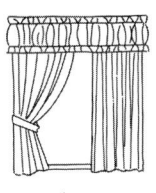

スワッグ＆テール　　スカーフスワッグ　　ビショップスリーブ　　ギャザーリング

② トリミング

　トリミングは、カーテンの裾や縁、バランスなどに付ける装飾で、フリンジ、ブレード、フリルなどのデザインがあります。

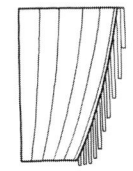

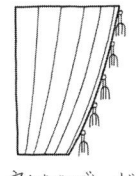

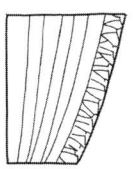

フリンジ　　房付きブレード　　ブレード　　ギャザー（フリル）

③ カーテンホルダー

　房掛金物やカーテンホルダーもアクセントになります。これらはタッセルなどとデザインを合わせて、全体のイメージを調和させることが大切です。

4-4　ブラインドなど

(1) ブラインド

・ベネシャンブラインド

　横型に取り付けられたルーバー状の日よけで、ベネツィアの運河

「シェリーグラス」　シェリー酒およびアペリティフ（食前酒）用。60ml 位。リキュールグラスよりも少し大きめです。

からの太陽光の照り返しや船からの視線を遮るものが名前の由来です。スラット（羽）幅は、15〜50mm でいくつかサイズがあり、操作法は、コード式、操作棒式、ポール式、ギア式、電動式があります。スラットの素材は、アルミに樹脂を焼き付け塗装したものが主流で、ほかにプラスティック、木製などもあります。埃や汚れが目立ちやすいので、日頃からモップなどによるメンテナンスが必要です。

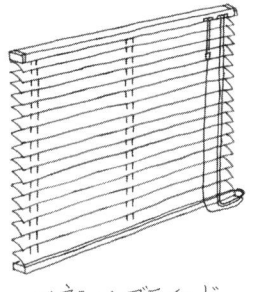

ベネシャンブラインド

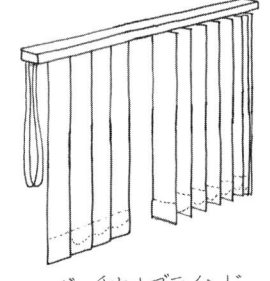

・バーチカルブラインド

　垂直に垂らしたルーバー（羽）を回転させて、太陽光や視線を調整するブラインドで、掃出し窓など大きな窓に用いられます。ルーバー幅は、50〜120 mm でいくつかサイズがあり、操作法は、コード式、操作棒式、電動式があります。ルーバーの素材は、布、塩化ビニル、アルミ、プラスチックなどがあります。ルーバーが汚れた場合など、そのルーバーだけ簡単に交換できます。

バーチカルブラインド

(2) ローマンシェード

　ひだのない 1 枚の布をたくしあげるような形状で、そのスタイルの多様性によって装飾的な効果があります。操作法は、コード式、ドラム式、ハンドル式、電動式があります。スタイルには、プレーン、シャープ、バルーン、オーストリアン、ムース、ピーコック、プレーリーなどがあります。

「リキュールグラス」　リキュールやウォッカ、ラムなど、アルコール度数の高いお酒をストレートで飲むための脚付の小さなグラスです。30〜45 ml 位です。

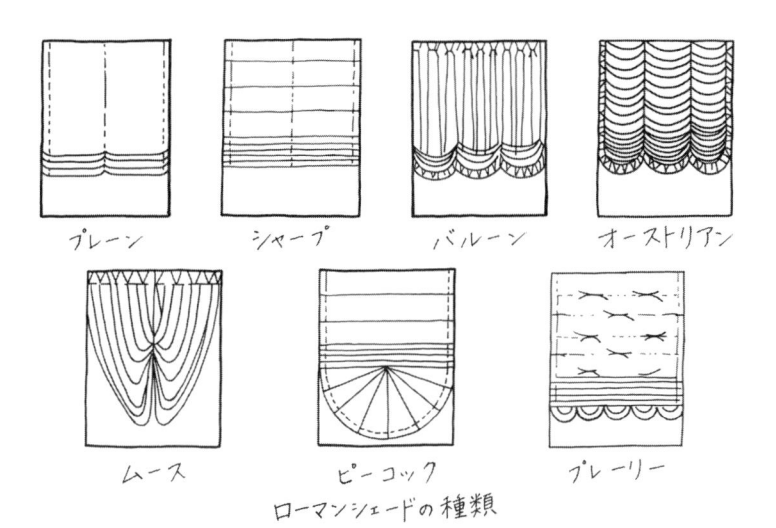

プレーン　　シャープ　　バルーン　　オーストリアン

ムース　　ピーコック　　プレーリー

ローマンシェードの種類

(3) その他のウィンドウトリートメント

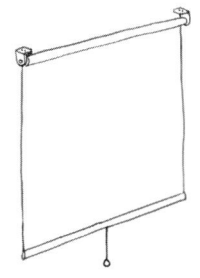

・ロールスクリーン

　布製などのスクリーンを巻き上げて上下させるもので、形状はシンプルですが、色柄や質感が豊富で、デザイン性が高いものです。操作法は、スプリング式、コード式、ワンタッチ式、電動式があります。スクリーンの素材は、布が多いのですが、張りをもたせるための樹脂加工や厚手のものは巻き込みにくいため、ポリエステル製が主流になっています。木製の経木タイプもあります。

ロールスクリーン

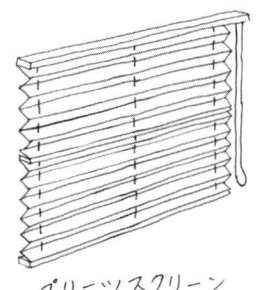

・プリーツスクリーン

　規則正しい細幅のプリーツ加工されたスクリーンで、ローマンシェードと同様の構造に

プリーツスクリーン

「ゴブレット」 水、ソフトドリンク、ビールなどの飲み物用の脚付グラス。もともとは脚付の酒盃という意味です。

なっています。操作法は、コード式、ギア式があります。プリーツ幅は 15 mm と 25 mm で、素材はポリエステルや不織布、和紙に似せた素材感や透けたものもあります。

・パネルスクリーン

　ひだのないカーテンで、室内の間仕切りや収納の扉としても使われます。操作法は、バトン式とコード式があり、カーテン生地が使われ、ドレープ、レース、遮光タイプなどがあります。

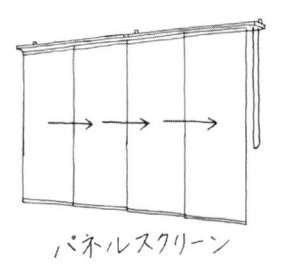

・ハニカムスクリーン

　プリーツスクリーンの断面が 6 角形のハニカム構造になっているものです。空気層ができるので、断熱、遮音効果が期待できます。

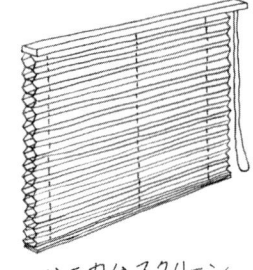

このように、ウィンドウトリートメントにはさまざまな形状のものがあり、それぞれ、素材や色柄を楽しむことができます。食卓周りの空間では、明るく楽しいイメージを作るとともに、一年中同じものではなく、季節に応じて涼しく爽やかな色調や暖かく安らぎのある素材に付け替えてみましょう。カーテンにハロウィンやクリスマスの装飾をしてみるのも食卓を楽しくしてくれます。

4-5　窓をデザインする

　ヨーロッパの建物は、石やレンガを積み上げる組積造で建てられてい

「マティーニグラス」　カクテルグラスです。代表的なカクテルがマティーニなのでこう呼ばれます。逆三角型と丸いクープ型があります。

るので、その構造上、大きな窓をとることができず、縦長の小さな窓となっています。その窓は、壁とのバランスでデザイン上のアクセントとなり、窓台にも花や雑貨を飾ることで、外観もインテリアも美しくデザインされています。

　日本の建物は、木材を使って、柱や梁を構成して建てられているので、柱と梁に囲まれた空間を、人が出入りできる大きな開口にすることができます。窓の語源は、間処、間戸（まど）からきていると言われています。和風住宅にある障子や襖のようなもので、古くは狩野永徳や尾形光琳などにより美しい襖絵が描かれたり、障子の桟もさまざまなデザインがあったり、庭を眺める雪見障子などもありました。

　現代の日本でも、大きな引き違い窓が主流になっていますが、家を建てる際などに、ダイニングやリビング空間において、窓の位置や形を工夫してみましょう。立っている人の目の高さである 1500 mm をあえて外して、天井に近いところに窓をとると、青空や星空が眺められ、冬には部屋の奥まで日差しが差し込むため暖かい室内となります。また床から 1200 mm までの低いところに窓をとると、食卓やソファに座った目線で庭の緑を眺められます。窓から上を壁にすることができ、隣家などが目に入る場合に視線を遮ることもできます。幅 400 mm 程度の小さな窓をたくさんとると、壁面にリズムができ、デザイン性が高まるとともに、合計が同じ幅の窓を1カ所とるよりも部屋が明るくなります。すりガラスを用いたり、壁面いっぱいガラスブロックにすると、明るさを確保しながら視線を遮ることができます。廊下側にも窓やガラリなどをとると、外からの風が通り抜けるので、夏には涼しく爽やかな室内となります。皆さんも、このように窓をデザインしてみましょう。

「トロピカルグラス」　デコレーションがしやすく、クラッシュ氷が沢山入り溶けにくい形です。ブランデーグラスより口が広く開いています。

■コラム　台所とキッチン４〜自然とのつながり

　昔の台所は、裏庭の菜園から、土の付いたままのたくさんの野菜を持ち込んで、土を落として、加工し貯蔵していました。広い土間が、大地や生き物など身近な自然とつながっていたのです。水道のない頃は、水も屋外から汲んできて水瓶に蓄えるなど、外とのつながりは切り離せないものでした。調理ごみも、畑の肥料や家畜の飼料となり、何一つ無駄にするものはなく、食物を通して、日々の暮らしは環境と共生していました。

　現代のキッチンは、室内空間の一部となったために、土を持ち込むことは嫌われます。スーパーマーケットでは、土もきれいに落とされ、葉もカットされた形がよく「きれいな」野菜や、切り身の魚しか売られていません。このような食材しか見たことのない子どもは、食材の本当の姿を知りません。一方で、食品の安全性に気をつかう家庭は多く、有機野菜などは高額でも購入する人も少なくありません。また、自宅の庭やベランダでガーデニングを楽しむ人たちは、キュウリやトマトなど自分で育てた野菜を食べる喜びを得ています。できるだけ生産者とつながり、ありのままの食材を手に入れて、健康で豊かな食を実現したいですね。

　第２編で詳しく学びますが、日本の食器は、さまざまな形や柄があり、季節などによっても使い分けられています。春には桜、秋には名月を、美しい四季を愛でながら、旬の食材を美しい器で食することも自然とつながることです。皆さんの毎日の食生活は、どのくらい自然とつながっているでしょうか。

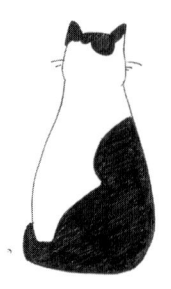

「タンブラー」　いわゆるコップといわれている脚のない普通のグラス。大きさ、高さ、容量も様々です。

かぐ

5

5-1　家具の分類

　戦前までの日本の住まいには、茶の間という空間があり、ちゃぶ台という低いテーブルを家族で囲んで、畳に直接座る「床座」という起居形式でした。戦後のダイニングキッチンの普及に伴い、椅子式の生活が市民生活にも広がりました。住まいには、さまざまな家具がありますが、ここでは、ダイニングキッチンなどで使われる椅子やテーブルについてみてみましょう。

　住まいのさまざまな場面で用いられる家具を機能的に分類すると、椅子、ソファ、ベッドなどの「人体系家具（体具）」、テーブル、デスクなどの「準人体系家具（台系家具）」、棚やたんすなどの「建築系家具（収納家具）」の3種類に分けられます。

(1) 人体系家具（体具）
　椅子やベッドは、人体を直接支えるものなので、身体に負担をかけることなく姿勢を適切に支持することや、柔軟さなどの快適性が求められます。また、人の体重や使用時の衝撃に耐える強度も必要となります。
　作業などの目的によって、姿勢は変化しますが、その姿勢を適切に保持するために、椅子や寝具の形も変化します。人間工学の研究によると、人間は本来立ったままの姿勢の方が自然で、座った姿勢には多くの問題があることが指摘されています。
　人体は、立っている状態で、上体に負担がかからないように、背骨がS字形に曲がっています。しかし、座ると骨盤と脊椎の関係で、背骨はS字形を保てなくなり、長い時間座っていると疲れてしまいます。人間が椅子に座った状態で、基準となる位置を決めて、寸法的に適切なかた

「トールグラス」　コリンズグラス、ゾンビグラスともいう細長く背の高いグラス。炭酸を使ったカクテルやソフトドリンク用です。

ちを原型として、さまざまな椅子のかたちが考えられています。

(2) 準人体系家具（台系家具）
　テーブルやデスクは、甲板とそれを支持する脚部からなり、収納が加わることもあります。甲板と脚部だけのものをテーブル、引き出し箱が付いたものをデスクといいます。甲板は、表面が平滑で摩擦や衝撃に強いことが求められます。使用条件によっては、耐水性や耐薬品性が求められ、材質には、木材、金属、ガラス、プラスチック、石材などがあります。形状では、甲板が伸長するエクステンションテーブルやバタフライテーブル、高さが変更できるテーブルなどもあります。

(3) 建築系家具（収納家具）
　日本の住まいには、四季に応じたさまざまなものがあり、持ち物もたくさんあるため、合理的に収納する必要があります。この収納に用いられるのが、建築系（収納）家具で、たんすのような単品収納家具と、壁面などに組み込まれた大容量のシステム収納家具があります。単品収納家具は、天板、側板、地板などで箱形がつくられ、これに仕切り板や棚板、引き出し、扉などが取り付けられます。ダイニング空間におかれるダイニングボードは、カップボードとも呼ばれ、主に食器類を収納するキャビネットです。実用的な食器だけでなく、装飾用の食器なども飾られることがあり、見せる収納としても使用されます。そのため扉のデザインなども重要で、食器を照らすライトを内部に取り付けたものもあります。
　システム収納家具には、ユニット式とパーツシステム式があり、ユニット式は箱体を用途に合わせて組み合わせていく比較的簡単なものです。

「ロックグラス」　正式にはオールドファッションといいます。口が大きいので大きな氷が入ります。オンザロック用です。180～300mlと大きさは色々です。

パーツシステム式は、ビルトインファニチャーといい、天板、側板、地板、棚板など部品単位で、空間や目的に合わせて、自由に組み立てていくもので、壁面収納や間仕切り収納となります。システムキッチンは、調理機器も組み込まれていますが、フロアキャビネットやウォールキャビネットなどの部分は、システム収納ともいえます。

　ダイニングキッチンの場合、これらの収納家具のレイアウトは２通りあります。１つめは壁につけて置きます。カントリー調などインテリア性のある食器棚を壁に置いたり、シンプルなデザインのシステム収納を壁面全体に組み込んで、壁の一部にしたりします。もう１つは、部屋のなかに置いて、間仕切りを兼ねる方法です。この場合、両側から出し入れできたり、一部空間をあけて、料理の受け渡しが出来るハッチを設けることもあります。

5-2　椅子

(1) 姿勢と椅子

　まず、座った姿勢の寸法の基準として、座骨結節点を「座位基準点」として、ここからの寸法で示します。また、作業用の椅子の上体を支持する圧力の中心点である「背もたれ点」があります。

　椅子には、作業系から休息系があり、就寝姿勢ではベッドが用いられます。作業系は、仕事や勉強など継続して行われる作業に用いられ、リラッ

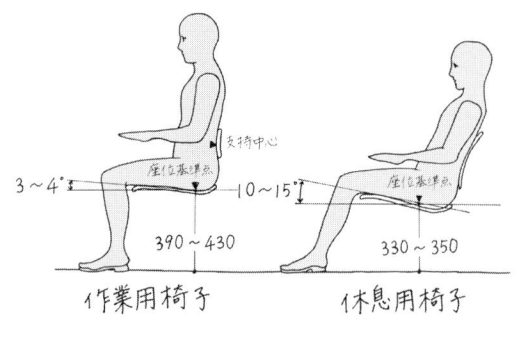

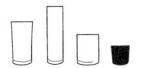

「ショットグラス」　ストレートグラス。ウィスキーのストレート用グラスです。シングル用（1oz）、ダブル用（2oz）のサイズがあります。1oz（オンス）＝約30ml。

クス姿勢も取れることが必要です。集中姿勢では、座も背も前傾し、リラックス姿勢では後傾でき、背もたれ点の適正な位置と背の湾曲の形が重要です。休息系は、団らんや休息の場で、よりリラックスした自由な姿勢を取ります。リクライニング機能をつけると、幅広い姿勢に対応することが可能となります。ダイニング空間の食卓用椅子は、食事だけでなく、食後の団らんにも対応できるよう、形状的には作業系と休息系の中間タイプがよいでしょう。

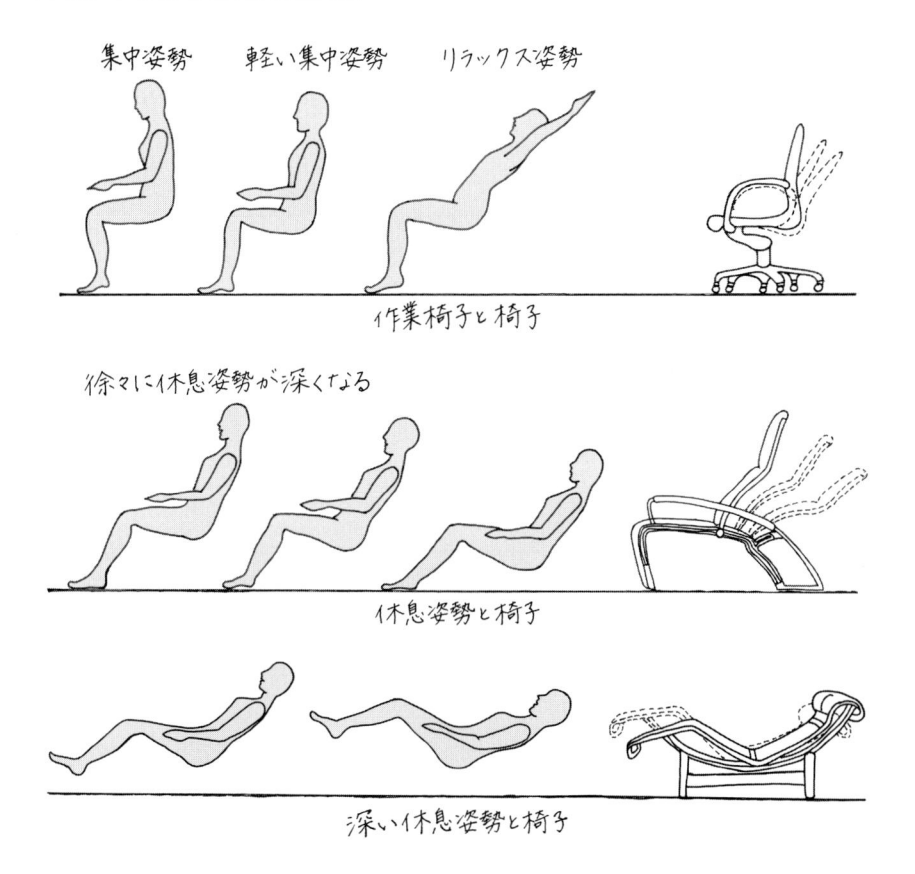

集中姿勢　　軽い集中姿勢　　リラックス姿勢

作業椅子と椅子

徐々に休息姿勢が深くなる

休息姿勢と椅子

深い休息姿勢と椅子

「ブランデーグラス」 大きく膨らんだボウル部分にブランデーを少量注ぎ、回しながら香りを楽しみます。脚が無く、コロコロ転がるブランデーグラスもあります。

(2) 椅子の種類

椅子には用途や機能によって、さまざまな種類がありますが、ここでは、その主なものについてみてみましょう。

・スツール

　背のない小いすです。背を必要としない軽量な椅子で、作業用や補助用として使用されます。

・ハイスツール

　床から座面までの高い背のない小いすで、カウンターで使用されます。カウンタースツールとも呼ばれます。

・イージーチェア

　休息を目的とする安楽椅子で、座面から背もたれまでの傾斜角が大きく、肘掛けもあり、クッション材も用いた、ゆったりとした座り心地の良さがあります。

・ダイニングチェア

　主に食卓で使用される背もたれのある椅子で、肘なしと肘ありがあります。寸法は、事務椅子と同じですが、木の質感や細部の形状などデザイン性が求められます。

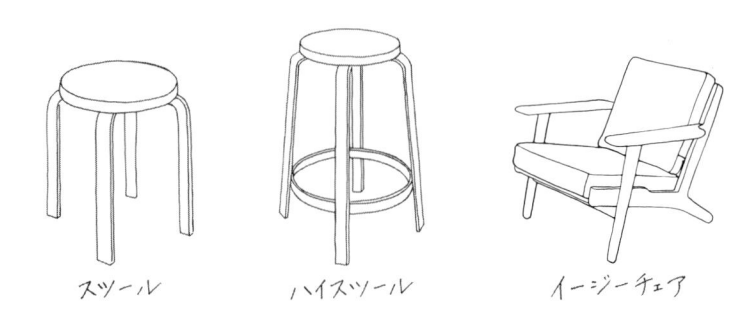

スツール　　ハイスツール　　イージーチェア

「コンポート」ステム（脚）の付いたボウルや皿。アイスクリームやフルーツコンポートなどのデザート以外にも色々と使えます。

・リビングダイニングチェア
　主にダイニングでの使用ですが、食後もこの椅子でリラックスするというリビングの要素も兼ねています。そのため、座面までの高さがやや低めとなっています。
・ロッキングチェア
　脚部にそり状の材が取り付けられ、ゆったり揺れる機能をもつ椅子で、背もたれは高めになっています。
・リクライニングチェア
　背もたれの角度を変えられる椅子で、リビングチェアとして、また寝椅子として使用されます。角度が自由に変えられるものと、段階的に決められた角度に変えられるものがあります。

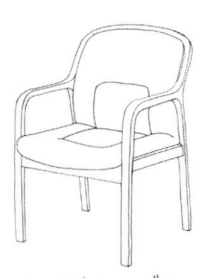

　　　リビングダイニングチェア 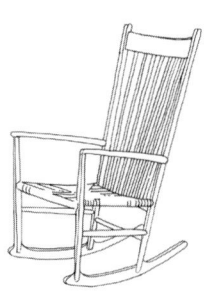　　　　ロッキングチェア

・フォールディングチェア
　折りたたみできる簡単な椅子で、軽くて持ち運びや収納しやすいのが特徴です。体育館をホールとして使用する場合などに、大量の椅子を倉庫などに収納しておくのに便利です。

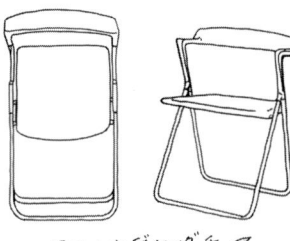

　　　　　　　　　　　　　　フォールディングチェア

「デキャンタ」　ワインやウイスキーをボトルから移し替える（デキャンタージュ）容器の事。栓付きで、カットガラス、ピューターとの組み合わせなど凝ったデザインが多く見られます。通常ワイン1本分（720ml）が入ります。

- スタッキングチェア

　積み重ねることができる椅子で、大量の椅子を収納するときに便利です。積み重ねが出来るように形状が工夫されています。
- ギャンギング

　椅子を連結する機能で、たくさんの椅子を横に並べたときに、整然とした列を作ることができます。

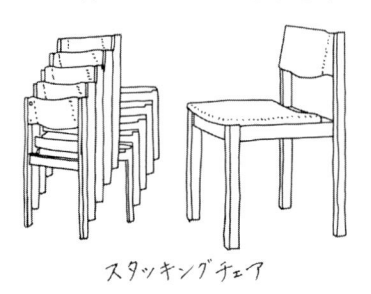

　　　　スタッキングチェア 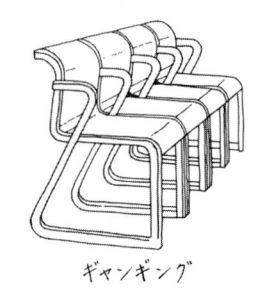　　　　　　ギャンギング

(3) 椅子の構造

　椅子の基本的な構造は、座、背、肘という座ったときに身体が触れる部分と、それらを支える脚部からなっています。構造的な材料としては、さまざまな木材、スチールパイプやワイヤーなどの金属、強化プラスチックなどがあり、デザインに合った素材が用いられています。

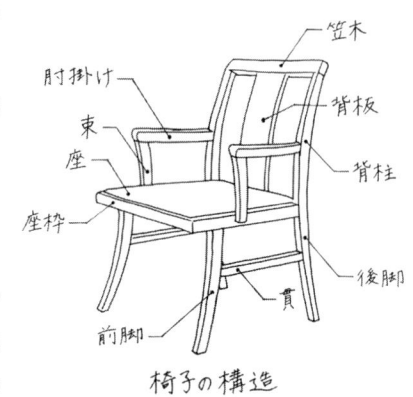

- 座

　　座は木材を削り出して作ったり、皮革や編んだ籐など面状のものを使ったり、座枠に張り加工をして作ります。人体を支える座は、安全で

椅子の構造（笠木・肘掛け・束・座・座枠・背板・背柱・後脚・貫・前脚）

「カラフェ」　栓（蓋）や取手のない水差しの事。ワインを水代わりのように飲むヨーロッパでは、手頃なワインを大きな容器で買い、カラフェに小分けして飲みます。ビストロではハウスワインに使います。

十分な強度が必要で、長時間座っていても疲れない形状やクッション性も求められます。
・背
　　後脚の上部と笠木、背貫、背束などから構成されます。張り加工によるものは座と同様に作られますが、張り加工を行わない椅子は、そのデザイン性と背あたりを良くする角度やカーブが重要となります。成形合板や強化プラスチック、ワイヤーなどの椅子は、座と背が一体に作られることもあります。
・肘
　　肘は肘掛けと束から構成され、前脚を伸ばしたものと単独のものがあります。成形合板や曲木、強化プラスチックなどの椅子は、肘掛けと束を一体化することもあります。
・脚
　　前脚、後脚、幕板、貫から構成されます。木材の場合は、それぞれの部材を「ほぞ」という加工によって接合します。後脚と幕板には大きな力がかかるためにしっかりと接合する必要があります。事務用椅子などでは、回転や昇降機能、キャスターがついているものもあります。

(4) 椅子のデザイン
　20世紀の建築デザインの近代化とともに、椅子のデザインも機能性が追求され、さまざまな名作椅子といわれるものが産み出されました。ここで、ほんの一部について紹介しましょう。
・アール・ヌーヴォーの椅子
　　エクトル・ギマールのサイドチェア、アントニ・ガウディのアーム

「ちろり（地炉利）」錫（すず）などの酒を燗にする蓋付の容器でしたが、最近はガラスの急須型酒器を「ちろり」というのが主流です。江戸時代にはビードロのチロリがあり、そのデザインのすばらしさには驚かされます。

チェア、チャールズ・レニー・マッキントッシュのラダーバックチェア、オットー・ワグナーのアームチェアなどがあります。
・デ・スティルの椅子
　ヘリット・トーマス・リートフェルトのレッドアンドブルーやジグザグチェアがあります。
・バウハウス・スタイルの椅子
　マルセル・ブロイヤーのワシリーチェアやチェスカなどがあります。
・インターナショナル・スタイルの椅子
　ル・コルビュジェのLC2やLC4、ミース・ファン・デル・ローエのバルセロナチェアやMR10などがあります。
・アメリカ・モダンの椅子
　フランク・ロイド・ライトのロビーチェアやバレルチェアなどがあります。
・ノルディック・モダンの椅子
　ハンス・J・ウェグナーのいくつかの椅子があります。Yチェア、ザ・チェア、ピーコックチェア、ヴァレット・チェアなどが有名です。ほかには、アルネ・ヤコブセンのエッグチェアやセブンチェア、フィン・ユールのイージーチェアやアームチェア、アルヴァ・アアルトのアームチェアやパイミオチェアなどがあります。
・ミッド・センチュリー・モダンの椅子
　チャールズ＆レイ・イームズのDKRやDAR、ラウンジチェア、プライウッドチェアなどがあります。ほかには、エーロ・サーリネンのチューリップチェア、ジョージ・ネルソンのココナッツチェア、ハリー・ベルトイアのダイアモンドチェア、ヴェルナー・パントンのパントンチェアなども有名です。

● 和食器のかたち ●

和食器には基本的な形と呼び名があり、使い方に決まり事があったりします。
それを知っているとちょっとカッコイイ！

かぐ 71

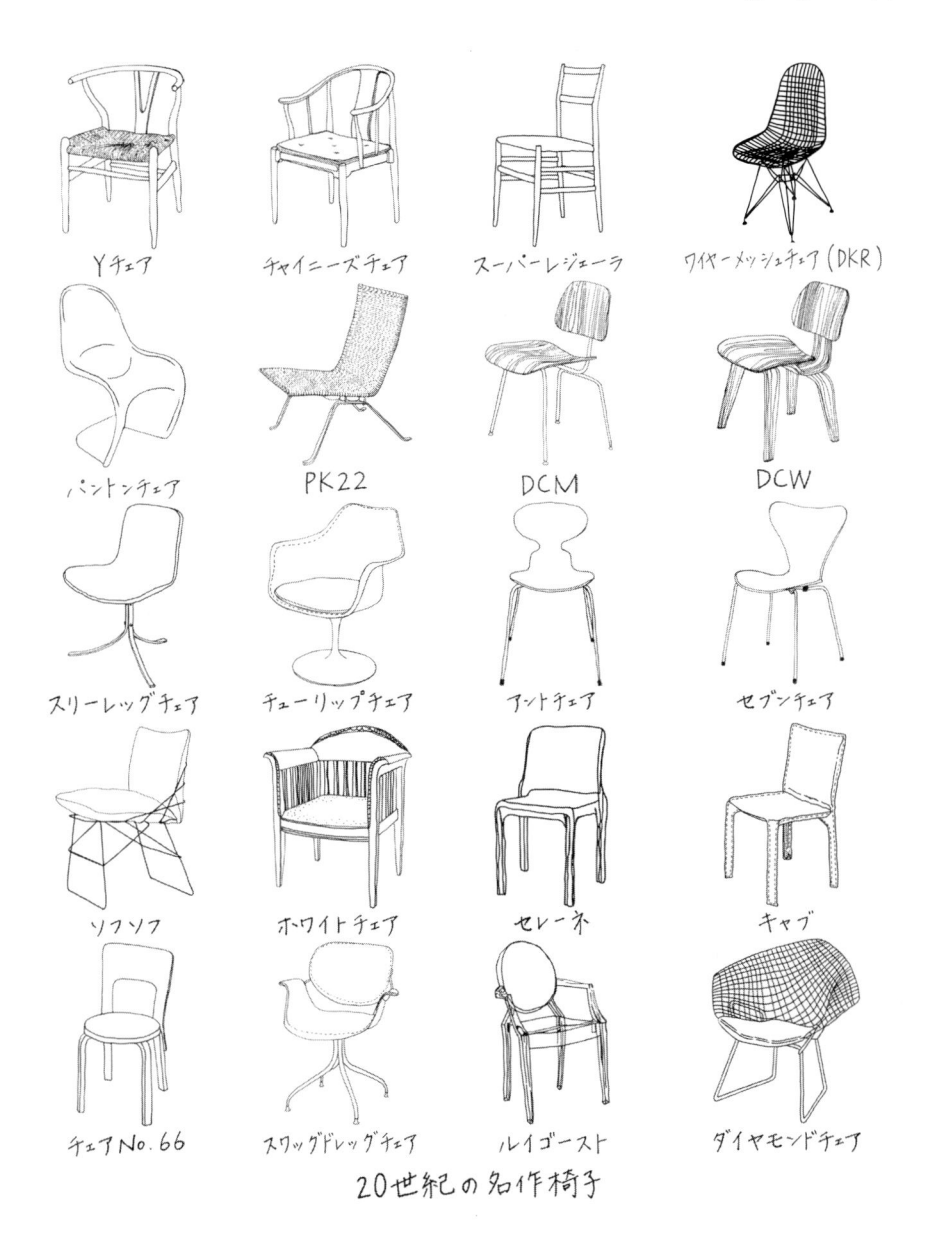

Yチェア	チャイニーズチェア	スーパーレジェーラ	ワイヤーメッシュチェア (DKR)
パントンチェア	PK22	DCM	DCW
スリーレッグチェア	チューリップチェア	アントチェア	セブンチェア
ソフソフ	ホワイトチェア	セレーネ	キャブ
チェアNo.66	スワッグレッグチェア	ルイゴースト	ダイヤモンドチェア

20世紀の名作椅子

「丸」 ロクロで作る器の基本的な形。丸皿（鉢）は基本なので、普通はただ「皿（鉢）」と呼びます。

・イタリア・モダンの椅子

　ジオ・ポンティのスーパーレジェーラ、マリオ・ベリーニのキャブ、フィリップ・スタルクのルイゴーストなどがあります。

5-3　テーブル

(1)　テーブルの高さと大きさ

　テーブルの高さは、作業や食事など目的によって変わってきます。また、テーブルの高さを決めるための差尺という寸法があります。これは椅子の座面の座位基準点から甲板までの寸法で、240〜300 mmの範囲で用途によって決められます。一般的なテーブルの高さは、ダイニングテーブル700 mm、リビングダイニングテーブル630 mm、リビングテーブル（ソファ使用）400 mm、座卓（和室）330 mm、事務用デスク700 mmが目安となります。

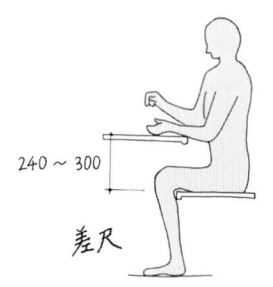

　ダイニングテーブルの大きさは、食事に必要とする1人あたりのスペースから算出します。1人あたり必要とするスペースは、幅600 mm程度、奥行き400 mm程度です。したがって、4人掛けのテーブルの甲板は1200 mm × 800 mm、6人掛けは1800 mm × 800 mm、円形4人掛けは直径1200 mmが標準となります。実際には、座った際にテーブルの脚に当たらないように少し大きめのサイズがよいでしょう。

「半月」　丸よりスペースの収まりがいい形です。折敷、菓子皿、銘々皿など漆器に多く見られます。

かぐ　73

(2) テーブルの種類
　テーブルには用途や機能によって、さまざまな種類がありますが、ここでは、その主なものについてみてみましょう。
・ダイニングテーブル
　　食事用のテーブルで、甲板は長方形が一般的ですが、円形や楕円形のものもあり、サイズも2人用から多人数用までさまざまです。陶器やガラスの食器類を置く際の音を和らげるために、木製の甲板を選ぶか、テーブルクロスを敷くとよいでしょう。

ダイニングテーブル

・リビングダイニングテーブル
　　ダイニングおよびリビングのくつろぎ要素も兼ねるために、高さが低めのテーブルで、椅子もリビングダイニングチェアを合わせます。

リビングダイニングテーブル

・リビングセンターテーブル
　　ソファ等の前に置かれ、ローテーブルともいいます。インテリアのイメージ合わせて、甲板も木、ガラス、石材などあり、コレクションを飾るボックスが組み込まれているものもあります。

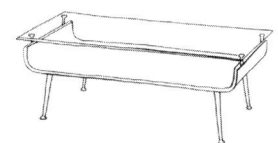

リビングセンターテーブル

・エクステンションテーブル
　　来客が多い場合などに、甲板を広げて、座れる人数を増やすことができるテーブルです。甲板の伸縮には色々な方式があ

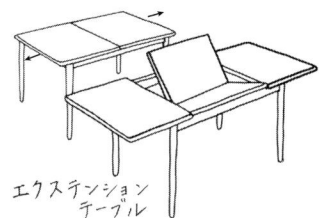

エクステンション
テーブル

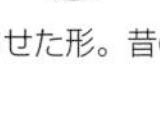

「なぶり」　丸い形の一箇所を故意に歪ませた形。昔の人の洒落た遊び心からできた形です。

ります。
・バタフライテーブル

　このテーブルも、折りたたんでおいた甲板を広げて使用することができ、フォールディングテーブルともいいます。

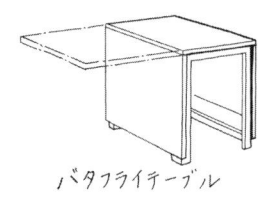

・ネストテーブル

　同じ形状をした大小のテーブルを積み重ねたもので、入れ子式になっています。

・ライティングビューロー

　甲板を開け閉めできるもので、開けた状態で机となり、書物の収納とコンパクトな物書きスペースを兼ねたデスクです。

・昇降式テーブル

　甲板の高さを変える昇降機能がついたテーブルです。昇降には、電動と手動があり、いずれも簡単に上げ下げできます。

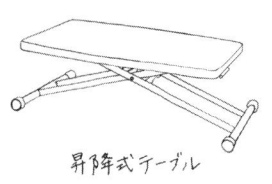

バタフライテーブル

ライティングビューロー

昇降式テーブル

(3) テーブルの構造

　テーブルの基本的な構造は、甲板と脚部からなりますが、幕板や引き出しがついているものもあります。材料としては、さまざまな木材、金属、ガラス、石材などがあり、デザインに合った素材が用いられています。

　甲板は、テーブルの最も重要な部分で、平滑なことに加えて目的に応じて、硬度、

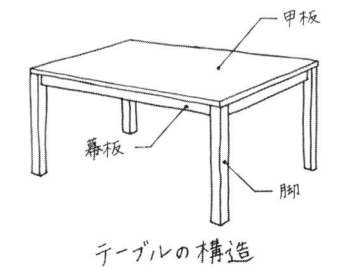

テーブルの構造

「楕円」　小判型ともいいます。料理の収まりがよく、使い勝手のいい人気のある形です。

耐摩耗性、耐水性、耐熱性などが求められます。木製の甲板には、無垢材、ランバーコア、フラッシュ、ペーパーコアなどさまざまなものがあります。

　無垢材は、そのまま使用したり、無垢の平板を数枚はぎ合わせたりしたものがあります。ランバーコアは、無垢の小角材を並列にはぎ合わせた芯材の両面に、練付合板（薄い化粧用突板を合板に貼ったもの）を貼り付けたものです。フラッシュは小角材を格子状に組んだものを芯材として、その両面に練付合板を貼り付けたものです。ペーパーコアは、ハニカム状など紙製の芯材に練付合板を貼り付けたものです。また、積層合板やパーティクルボード（木材の小片と接着剤を加熱圧縮した板）に練付合板を貼り付けたものもあります。

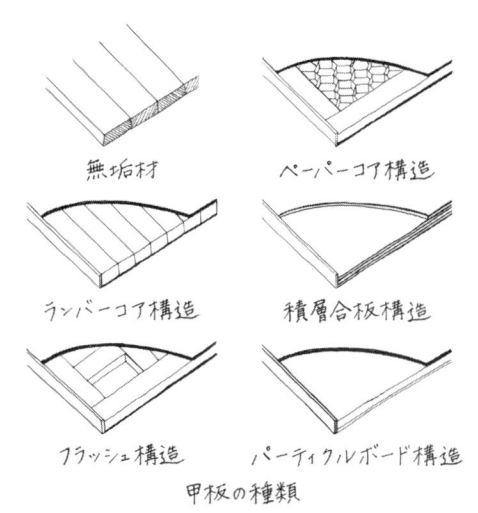

　脚部は、脚、幕板などで構成され、丸脚、角脚、板脚、箱脚、ねこ脚などの形状があります。素材には、木、金属パイプ、アルミ鋳物などがあります。

甲板の種類：無垢材／ペーパーコア構造／ランバーコア構造／積層合板構造／フラッシュ構造／パーティクルボード構造

「角」　四角い形の総称。お皿は「陶板」「板皿」ともいい、更に形によって細かい呼び名があります。

■コラム　台所とキッチン5～かまどの神様

　昔から日本の台所では、三宝荒神という神様をお祀りしています。三宝荒神は、火と竈（かまど）の神として信仰されています。昔は土間にかまどがありましたが、かまどの火は怖いものでした。かまどの神様への礼儀をつくすしきたりは、かまどをきれいに磨き、周囲も塵一つないようにすることでした。この生活態度は、代々厳しく受け継がれることで、かまど周りに気を配り、火の安全を守っていたのです。

　現代のキッチンでも、荒神さまにお参りをして、お札をお祀りして、毎朝礼拝をしている家庭もありますが、少なくなっているようです。最新の加熱調理機器などは、安全対策が進んでおり、火の怖さは薄れつつあります。しかし、火への気配りを疎かにすると、大きな火災につながります。日々、かまどの神様に感謝をして、神様の領域である火の周りを整理して美しく保っておきたいものです。そうすることで、かまどの神様は、台所仕事を楽しいものにしてくれるでしょう。

　ギリシャ神話にも、かまどの神様が登場します。それは、女神ヘスティアで、その名前は「炉」や「竈」を意味しています。古代ギリシャより、だんらんの場である広間の中心に置かれた炉は家庭生活のシンボルであり、その炎は神聖なものであり、この炉を司るヘスティアは家庭生活の守護神とされました。人間にとって、家庭の火を大切にすることは、世界共通のようです。

「長角」　長方形のもの。お皿は「長皿」「俎板（まないた）形」とも言います。使い勝手がいいうえに格好良く演出できます。

あかり

6

6-1　照明計画

　照明計画では、目的に応じた空間の明るさ、光の色合い、ものの見え方などを十分に検討する必要があります。ここでは、住まいの照明計画を行うための条件である照度、色温度、演色性について、学びましょう。照明器具は、その光が空間をどのように照らすかという配光方式があり、それぞれの特徴についてもまとめておきます。

（1）照度・色温度・演色性
　まず、光に関する用語ですが、ランプ（光源）の一定方向から見た明るさは、「光度」といい、単位はカンデラ（cd）です。その光源から出る光の量は、「光束」といい、単位はルーメン（lm）です。

　「照度」とは、照らされる面の明るさの度合いです。照明計画を行う際に、その部屋がどのように使われるのか、例えば、細かな作業、団らん、休息などの目的によって、必要とされる明るさが異なります。照度の単位はルクス（lx）で、1 ㎡の面に1ルーメン（lm）の光束が入射したときの明るさを1ルクス（lx）としています。さまざまな行為ごとにその空間の必要とする照度が、JISによって規定されています。仕事や勉強を行う書斎の机上は 500～1000 lx、ダイニングの食卓は 200～500 lx、キッチンの調理台などは 200～500 lx、団らんを行う居間は 150～300 lx などとなっています。

　「色温度」とは、ランプなど光源の色のことで、単位はケルビン（K）です。色温度が高い光ほど冷たく（クール）感じ、低いほど暖かく（ウォー

「正角」四方（しほう / よほう）ともいう角皿の基本形の正方形です。とても「和」らしい形です。

ム）感じます。白色の蛍光ランプの色温度は約 4000 ～ 5000 K で、白熱ランプの色温度は約 2800 K となっています。一般にキッチンなどの作業スペースは、昼間の太陽光に近い青白いランプがよく、リラックスしたいリビングや寝室などは、夕日のような赤みを帯びたランプが適しています。また、色温度が高くて明るい光は爽やかな印象になりますが、暗いと寒々しいイメージになります。色温度が低い赤みのある光はやや暗めでは穏やかなイメージになりますが、明るすぎると暑苦しい感じになります。

　照らされているものの見え方は、光源の性質によって異なりますが、その光源の性質のことを「演色性」といいます。光源には、ものの色を忠実に見せる光や、鮮やかに見せる光、くすんで見せる光などがあります。その演色性の指標に、「平均演色評価数」というものがあります。数量的に表されて 100 に近いほど演色性がよく、照明の平均演色評価数はアールエー（Ra）で示されます。白熱ランプやハロゲンランプは演色性が高く 100 に近く、白色蛍光ランプは 60 程度と演色性が低い光源といえます。一般的に照度が高いほど、演色性は良くなります。

(2) 配光方式
　照明器具の配光の方向には、作業面を直接照らすために下方に向けた「直接型」と、天井など上方に向けて反射光により照らす「間接型」があります。それぞれの照明器具は、これらの度合いにより、「直接型」「半直接型」「全般拡散型」「半間接型」「間接型」の 5 種類があります。
　「直接型」は、光源からの直接光とシェードの反射光を全て床に向けるので照度が得やすく効率のよい方式です。天井面が暗くなり、強い影

「四方山（よもやま）」 四角の 4 角が持ち上がっている形。個性的ですが料理の納まりがいい形です。

もできます。ダウンライトや下向きの金属シェードのペンダント照明などです。「半直接型」は、天井や壁も少し明るくするので、比較的効率よく陰影も少し柔らかくなります。下向きの乳白ガラスシェードのペンダント照明などです。「全般拡散型」は、強い影やまぶしさがなく、均一な照度に近づきます。乳白ガラス球のペンダント照明などです。「半間接型」は、光源からの光の多くが天井に向けられ、その反射光で床面を照らします。天井面も明るくなります。上向きの乳白ガラスシェードのペンダント照明などです。「間接型」は、直接光とシェードの反射光を全て天井に向けるので、光が拡散されて柔らかい雰囲気が得られます。上向きの金属シェードのペンダント照明やフロアスタンドなどです。

	直接型	半直接型	全般拡散型	半間接型	間接型
配光方向	金属シェード（下方）	乳白ガラスシェード（下方）	ガラスグローブ	乳白ガラスシェード（上方）	金属シェード（上方）
配光曲線					

　前述の型は、個々の器具についての方式ですが、これらの照明器具を組み合わせた空間の照明方式として、「全般照明」「局部照明」「全般局部併用」「タスクアンビエント」などの方式があります。「全般照明」は、部屋全体を平均的に照明する方式です。長時間作業をする空間では、作

「四方隅切（よほうすみきり）」四角の角（隅）を切り落とした形。「角が無い→角がたたない→穏やか」の意。

業面の平均照度を出来るだけ均一にした方が目が疲れにくいので、この方式を採用します。「局部照明」は、部屋の少し暗い場所や視作業を行う場所を、局部的に照明する方式です。例えば、リビングルームで読書用の椅子のそばにスタンド照明で明るさを補うなどがあります。「全般局部併用」は、作業面を局部的に高照度で照明して、それが全般照明も兼ねる方式です。明暗のコントラストが大きいと疲れるので、照度比は3：1以内にします。「タスクアンビエント」は、全体はやや照度を下げた落ち着いた照明として、作業面に明るい局部照明を行う方式です。これらにより、作業効率を高める明るさと、リラックスした雰囲気をつくる心地良い暗さを、うまく組み合わせることが大切です。

6-2 照明器具

(1) ランプの種類

　ランプ（光源）は、物体を高温に熱して発光させるものと、放電によって発光させるものの2つに分類されます。物体を高温に熱して発光させるものは、白熱ランプやハロゲンランプなどで、放電によるものは、蛍光ランプやHIDランプなどです。住まいでは、白熱ランプやハロゲンランプ、蛍光ランプが使われています。

　白熱ランプは、小型で高輝度ですが、蛍光ランプなどに比べると、寿命が短くランプ効率が低いので、高照度の全般照明を必要とするオフィス空間などには向いていません。色温度が低く、温かみのある雰囲気になるので、食卓空間などには適しています。種類は、普通ランプのほかに、ボールランプ、クリプトンランプ、レフランプ、ハロゲンランプなどがあります。

「六角」「八角」「多角」　八角以上はきりがないので「多角（たかく）」といいます。

ハロゲンランプは、白熱ランプと同じ原理で光りますが、フィラメントの温度が高くなり、やや白く明るくなります。フィラメントの熱エネルギーを再利用し、長寿命の効率のよい赤外線反射膜ハロゲンランプも製品化されています。

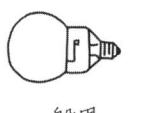

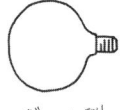

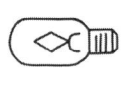

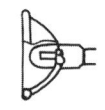

一般用白熱電球　ボール型白熱電球　レフ型電球　ビーム電球　小型ハロゲン電球　ダイクロハロゲン電球

蛍光ランプは、放電で発生する紫外線を蛍光体に当てて可視光線に変換するもので、長寿命でランプ効率がよいのが特徴です。色温度によって、昼光色D、昼白色N、白色W、温白色WW、電球色Lの5種類があります。一般の蛍光ランプは演色性がRa60〜75と低いため、三波長発光形蛍光灯（Ra80〜90）や高演色形蛍光灯（Ra90〜99）などが製品化されています。また電球型蛍光ランプは、白熱ランプの約4倍の省エネ性能があるため、白熱ランプの代替として用いられ、調光対応型も発売されています。

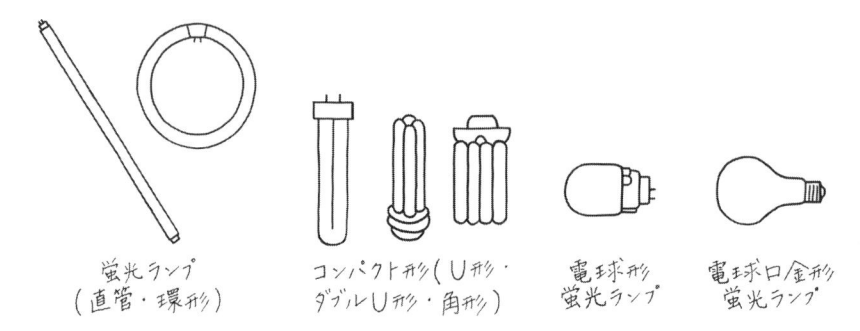

蛍光ランプ（直管・環形）　コンパクト形（U形・ダブルU形・角形）　電球形蛍光ランプ　電球口金形蛍光ランプ

HIDランプは、高輝度放電ランプ（High Intensity Discharge）という意味で、高圧水銀ランプ、メタルハライドランプ、高圧ナトリウム

◇

「菱型（ひしがた）」　菱型は家紋にも使われている日本の伝統的な形。変形させた形も多く見られます。

ランプなどがあります。電極間の放電を利用しているため、白熱電球と比べて長寿命・高効率です。メタルハライドランプは、高輝度、高効率で、太陽光と色温度が近いので、商業空間や屋外の環境照明など幅広く用いられています。

　LEDランプは、発光ダイオード（Light Emitting Diode）のことで、半導体が光る性質を利用したものです。3原色の調色によって白色LEDも普及し、照明器具も製品化されています。デザインや光色なども調節できるため自由度の高い照明が期待されます。

(2) 照明器具の種類

　照明には、ランプ（光源）と照明方式を決める照明器具が必要ですが、照明器具にはさまざまな形状やデザインのものがあります。ここでは、室内空間で用いられる照明器具について、いくつか学びましょう。

・ダウンライト（天井埋め込み）

　　開口径の小さな天井埋め込み照明で、白熱ランプ、蛍光ランプ、ハロゲンランプなどさまざまなランプが選択できます。配光方向によっ

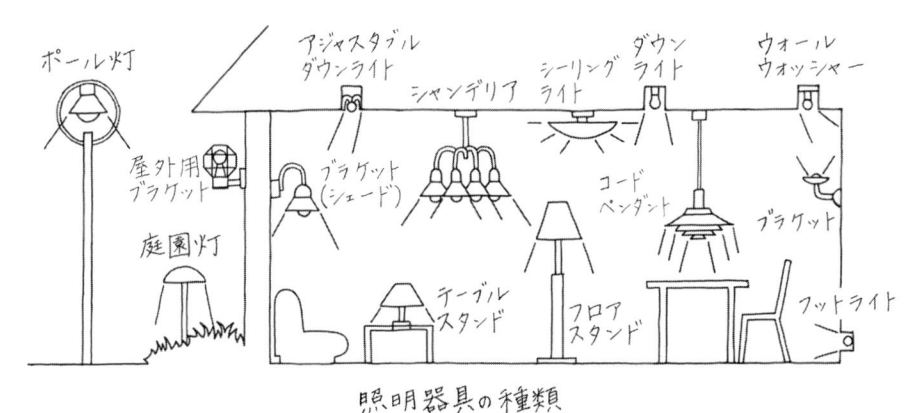

照明器具の種類

「繭型（まゆがた）」 楕円が歪んだ形が蚕の繭のようなのでこう呼ばれています。使い易い形です。

て、全般照明、スポットライト、ウォールウォッシャ（壁面を照明する）の種類があり、空間に適したものを選びます。
・シーリングライト（天井直付け）
　天井には引掛シーリングというコンセントが配置されていて、そこに直接取り付ける照明器具です。部屋の全体照明を行うためのメインの照明器具で、環状の蛍光ランプが用いることが多く、アクリルカバーなどで光を和らげています。自動的に調光できたり、光色を変えられるLEDシーリングライトも製品化され、省電力のため注目されています。
・ペンダントライト（天井吊り下げ）
　吹き抜けや高い天井に、コードを伸ばして空中に吊り下げる照明器具で、さまざまなデザインのものがあります。ダイニング空間の食卓を明るく演出する照明もたくさんあります。
・ブラケットライト（壁付け）
　壁に取り付ける器具で、部屋のアクセントや装飾として用いられます。ホールや廊下、階段などにも設置され、間接照明のような空間の演出効果もあります。
・スタンドライト（置き型）
　部屋全体に対する補助照明となるフロアスタンドと、机まわりのアクセントとなるテーブルスタンドがあります。
・建築化照明
　壁や天井などに光源を隠して照明する方法です。建築化照明には、コーニス、コーブ、バランスなどがあります。コーニス照明は、天井や壁上端にランプを設置し、ランプが見えないよう目隠しし、光を壁面に向けて、その間接光を得るものです。コーブ照明は、天井を二重

「葉型」　楕円の左右が尖っているもの、もしくは葉っぱの形のもの。葉っぱの形が特定のものとわかるものはその植物の名称で呼びます。「銀杏型」「紅葉型」「笹型」など。

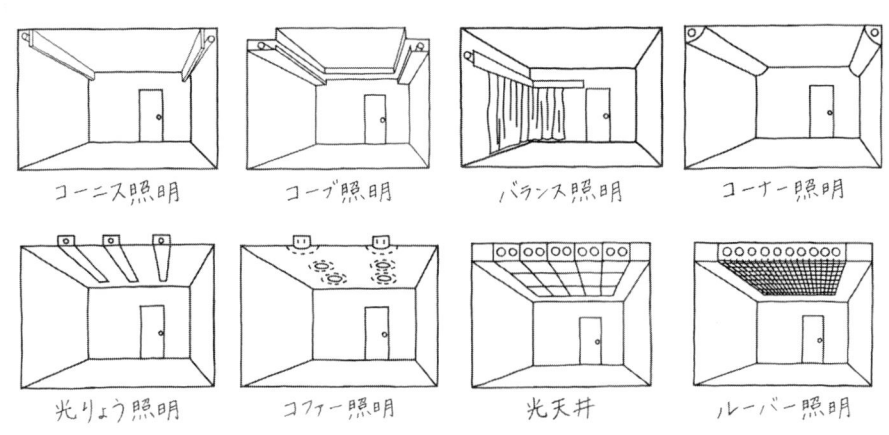

| コーニス照明 | コーブ照明 | バランス照明 | コーナー照明 |

| 光りょう照明 | コファー照明 | 光天井 | ルーバー照明 |

にして、その間にランプを設置し、光を天井に向けて、その間接光で柔らかい全般照明を得るものです。バランス照明は、コーニスを少し下に下げて、天井に向けた照明を追加したものです。

(2) 照明の新機能
・調光
　ランプの明るさを調節する機能です。くつろぎや作業などシーンに応じて、照度を自由に変えられます。照度を下げると、ランプの寿命も延びて、省エネにもなります。
・インバータ
　インバータ回路で交流を直流に変換し、点灯させる蛍光灯です。消費電力はそのままで約20％明るさがアップするので、省エネ性に優れています。ちらつきもなく、スイッチと同時に点灯します。
・ソフトスタータ
　夜間にトイレなどで急に明るくなると、まぶしく不快に感じますが、ソフトスタータ機能つきの照明は、約12秒でゆっくりと点灯するの

「輪花（りんか）」　花びらのように周囲に刻みがあるもの。特徴的なものはそれぞれ呼び名があります。

で、目に負担がかかりません。
・光触媒
　光触媒とは、ランプからの紫外線を利用して、有害なガスやにおいなどの有機化合物を、水と炭酸ガスに分解する作用です。光触媒つきの照明器具は、部屋を照らしながら、ホルムアルデヒドやペットのにおいなどを除去し空気を浄化します。特別なエネルギーも必要ないため、環境にやさしい機能です。
・人感センサー
　人の出入りと明るさに反応して、自動的に点灯、消灯するのが、人感センサー機能です。必要なときだけ点灯するので、省エネ効果があり、消し忘れもありません。玄関ホールなどで、両手に荷物を抱えているときも便利です。

6-3　キッチン・ダイニングの照明

　住まいの照明計画を行う際には、好みのデザインの器具を選ぶのも良いのですが、光のイメージをデザインすることが大切です。光のデザインとは、柔らかい光、はっきりと陰影のあるシャープな光、明るく爽やかな光、温かい落ち着いた光など、さまざまな光を空間のイメージに合わせます。ひとつの空間に、ひとつのシーリングライトを天井につけるだけでなく、ペンダントライトやダウンライト、ブラケットライトを組み合わせて、生活シーンに合わせた光のデザインを演出するように計画します。照明計画は、この光のイメージのほかに、必要な明るさ、省エネ、メンテナンス、高齢者への配慮なども考慮します。高齢者への対応としては、3倍くらいの明るさの確保や、不快なまぶしさの除去、空間の明

「桔梗（ききょう）型」　桔梗の花を図案化した形。桔梗は秋の七草なので、器の色が紫系なら秋、白なら通年の器です。

暗差を大きくしない、操作のしやすさなどに配慮する必要があります。

(1) キッチンの照明

　キッチンの主照明は、部屋全体を明るく照らす蛍光ランプの器具が適しています。シンクや調理台を明るく照らす部分照明をつけて、手元が影にならないようにして、作業を行いやすくします。人を感知して自動的に点灯するセンサーつきスイッチを設置することで、濡れた手でスイッチ操作することもなく安全です。また、食器棚のなかを明るくするため棚板に照明器具を組み込んだり、カウンター面を明るくするためウォールキャビネット下にダウンライトをつけるのも効果的です。

(2) ダイニングの照明

　ダイニングルームは、くつろぎの場でもあるので、落ち着いた雰囲気を演出する間接照明などを取り入れます。リビングルームやキッチンとワンルームになった空間などでは、デザインがバラバラにならないよう注意して、ダウンライトなどで統一するのもよい方法です。食卓には、ペンダントライトをつけて、部分的に卓上を明るく浮かび上がらせましょう。料理を引き立てるランプは、白熱ランプが適しています。陰影をつくるので、料理を立体的に見せ、赤や黄色、オレンジ色などの暖色系の色を引き立ててくれます。演色性の高い三波長発光形蛍光灯も料理を美味しく見せてくれます。テーブルを囲む家族の顔がきれいに見えることも大切です。テーブルや空間の素材とランプの関係として、暖色系の白熱ランプは木材や石材などの自然素材と相性がよく、白色系の蛍光ランプは金属やコンクリートなどの素材と相性がよいので、空間全体のイメージとも合わせましょう。

「菊花（きっか）型」　菊の花を図案化した形。器の色が黄色だったら秋、冬、慶事の器です。

食卓のペンダントライトのサイズは、テーブル幅の1/3程度がよく、1200 mmのテーブルでは400 mmの直径が適しています。幅の大きなテーブルでは、小さなペンダントを多灯にする方法もあります。ペンダントライトの高さは、テーブル面から600〜800 mmくらい離した位置が適しています。ペンダントライトの吊り下げコードが上下して、食事中以外は天井近くに上げて邪魔にならない器具もあります。

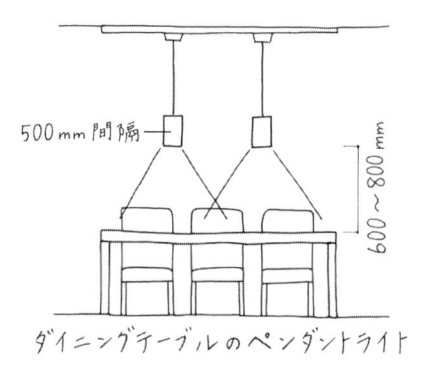

ダイニングテーブルのペンダントライト

(3) ペンダントライトのデザイン
　ペンダントライトの配光別の種類としては、全方向拡散タイプ、遮光シェードタイプ、透過シェードタイプなどがあります
　全方向拡散タイプは、ガラスグローブなどで全ての方向に光が広がります。デザイナーによる有名なペンダント照明に、レ・クリントの「172A」、イサム・ノグチの「AKARI」、ヴァーナー・パントンの「グローブ」などがあります。遮光シェードタイプは、一般に光が下に広がるため天井に間接照明が必要です。デザイナーによる有名なものに、アルヴァ・アアルトの「A330」、アキッレ・カスティリオーニの「フリスビー」などがあります。マルチシェードで美しいデザインのものに、ポール・ヘニングセンの「PH5」や「アーティチョークランプ」、木の質感が美しいアルネ・ヤコブセンの「ヤコブセンランプ」なども有名です。透過シェードタイプは、シェードも光を透過するので、下が強めですが全方向に光が広がります。アンティークのガラスシェードが美しいペンダン

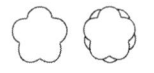

「梅型」　梅の花を図案化した形。八重の梅は「重ね梅」といいます。お正月〜2月までの器です。

あかり　89

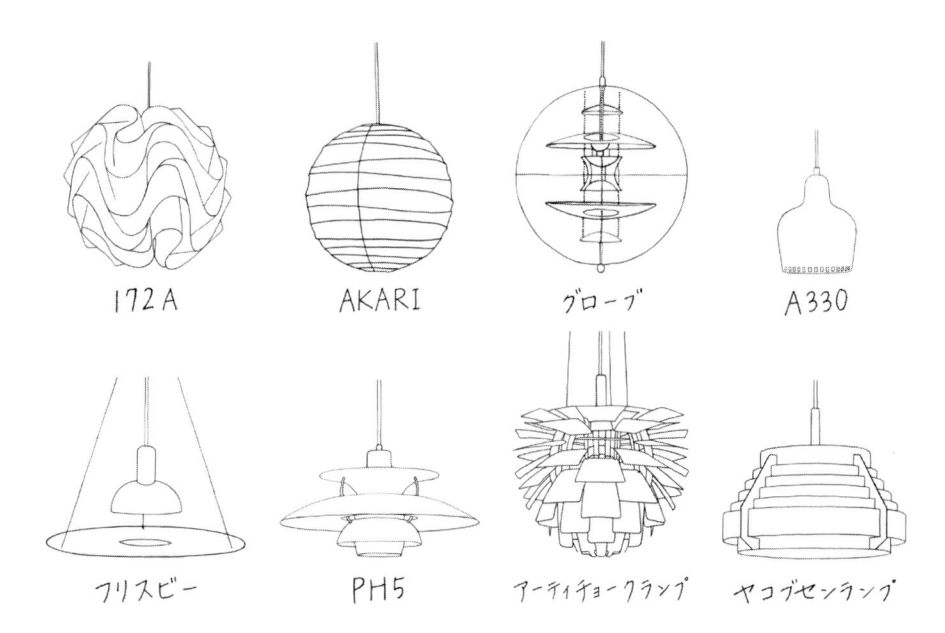

172A　　　AKARI　　　グローブ　　　A330

フリスビー　　　PH5　　　アーティチョークランプ　　　ヤコブセンランプ

ト照明もたくさんあります。

「桜型」　桜の花を図案化した形。花びらのみの形も「桜」です。3月4月の器です。

■コラム　台所とキッチン6〜手間ひまかけて

　近代の日本では、台所の改良が進みました。特に大正期には、家庭本位、文化生活の思想のもと、住宅改良の機運が高まり、台所の合理化が進みました。オーブンや冷蔵庫などの西洋式の台所設備が紹介され、明るく清潔な台所により、女性を劣悪な環境での家事労働から解放しようという動きでした。水道、ガス、電気の供給によっても台所は大きく変化しました。それに伴う台所道具の設備化によって、炊事作業は力と時間のかかる手作業から解放され、ずいぶん楽になりました。主婦であった女性の社会進出にも伴い、さらに家事を軽減するために、加工食品を購入して少し手を加えるだけで食事を準備できるという外部化も進みました。近年は、外食とともに中食というデパ地下やスーパーでお惣菜を揃えて、食べるだけという食事も増えています。家電メーカーや食品会社の主導のもと「合理化」が進みすぎた結果といえるでしょう。

　調理作業も担当する人にとっては、時間の短縮など軽減化は良いことです。しかし、時には「手間ひま」をかけて「家庭の味」「母（父）の味」を、子どもたちに伝えていきたいものです。現代では、食生活だけでなく、衣食住から育児、遊びに至るまで、企業が広告などで提案するモノやコトを消費するだけの生活になっています。生活文化というものは、先人の知恵を更に時代に合わせて、私たち一人一人が家庭生活において、創造を重ねていかなくてはなりません。私たちも、キッチンに立って、食べ物に感謝をして、大切な家族のために、調理にひと手間をかけてみませんか？

「花型」　明らかに花の形だけど、何の花かわからない。花びらが6枚あるゾ？などというものをまとめて「花型」と呼びます。季節は問いません。

第2編　食卓を楽しむ

テーブルウェア（食器）の基本

7

7-1 テーブルウェア・食器とは

　「食器」とは字の如く「食べる時に使う器」という意味と、「食べる事に必要な、食卓まわり全ての物」という意味があります。前者の場合は、「器」と考えて、「食事を盛る容器」に限られますが、後者の場合は、スプーン・フォークや箸などのカトラリー、テーブルクロス、ナプキンやランチョンマットなどのクロス類、食卓の上に置く小物類、花器や壺などのインテリア用品、キッチン用品なども、食器の一部として考えます。（デパートの食器売り場を思い浮かべてください。）

　食器の事を英語では「テーブルウェア Tablewear」と言いますが、まさに後者の意味であり、食卓の上の世界全てをトータルに食空間として考える、西洋（ヨーロッパ）の食生活文化を表現した言葉です。

　日本の一般家庭生活では、長い間、「食住同一」という生活が基本になっていました。一つの部屋で、食堂、居間さらには寝室までを兼ねる。という住空間の使い方です。「何人かで一つの食卓を囲む」という事が一般的になってきたのも、現代になってからの事です。食卓が一般的になる以前の日本は、「一人用の膳」を食卓として、各自が各自のスペースで食事をする形態でした。一方、西洋の食卓スタイルは、食事専用の部屋（ダイニングルーム）で、一つの大きなテーブルを皆で囲み食事をするというものです。ひとりひとりにサービスするようになったのは近世に入ってからで、それまでは、センターの大皿に料理が盛られているものでした。そのスタイルは王侯貴族たちの会食のスタイルですが、いかに美しく、いかに豪華に大きくテーブルを飾るか、という事に重点が置かれていました。このような日本と西洋の生活様式の違いは、「食器」

「木瓜（もっこう）形」　楕円が4つにくびれたような形。おめでたい形（吉祥）です。きゅうりの断面に似ているから木瓜という説も。

というものを、「器」という狭い範囲でしめすのか、「テーブルウェア」という広い範囲を示すのか、の違いとなって表れています。

　食器（ここではテーブルウェア）の中の一番中心は、食べる時に使う食器としての器、食べる手の役割のカトラリー、そしてテーブルリネンです。（テーブルリネンは西洋スタイルの食卓に存在するもので、日本の従来の食卓にはほぼ存在しません。しかし、日本の食生活の変化によって、現在では必要なものになっています）　これらには、様々な素材や特徴、役割があり、現在に至るまでの歴史があります。それを知ることや興味を持つことが、「楽しい食卓」を作り出す第一歩になります。

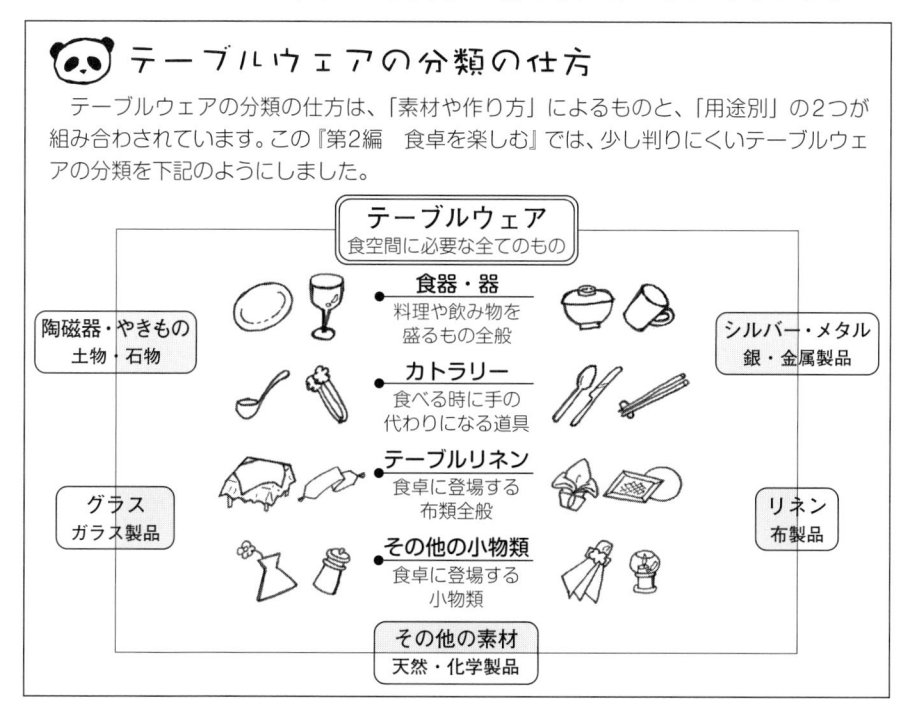

🐼 テーブルウェアの分類の仕方

テーブルウェアの分類の仕方は、「素材や作り方」によるものと、「用途別」の2つが組み合わされています。この『第2編　食卓を楽しむ』では、少し判りにくいテーブルウェアの分類を下記のようにしました。

テーブルウェア
食空間に必要な全てのもの

- **食器・器**　料理や飲み物を盛るもの全般
- **カトラリー**　食べる時に手の代わりになる道具
- **テーブルリネン**　食卓に登場する布類全般
- **その他の小物類**　食卓に登場する小物類

- 陶磁器・やきもの　土物・石物
- シルバー・メタル　銀・金属製品
- グラス　ガラス製品
- リネン　布製品
- その他の素材　天然・化学製品

「割山椒（わりざんしょう）」　山椒の実が弾けた様を図案化した鉢の形。
昔は秋の器でしたが最近では通年使われます。溝が正面にきます。

7-2 やきもの・陶磁器とは

　日頃よく目にする、お皿やお茶碗、マグカップなどのいわゆる食器は、土や石を砕いて成型して焼いたもので、総称して「やきもの（焼き物）」「陶器」「陶磁器」と言われています。また和食器では、大きな産地名で、「瀬戸物（せともの）」とも言われます。この名称の使い方に決まりはあまりなく、耳に馴染んだ言い方を各自が使っているのが一般的です。この「やきもの」には大まかに２種類あり、土から作るものを「土もの→陶器・土器・炻器（せっき）など」、石から作るものを「石もの→磁器・ボーンチャイナなど」と言います。ここで挙げた、陶器、磁器、炻器、土器、ボーンチャイナは、「やきもの」の種類で、成分の違いはもちろん、作り方、扱い方、特徴が全て違います。

　「やきもの」と「陶磁器」という名称の使い方には、特に基準はありません。どちらか一つに統一して使う場合もありますし、それぞれに意味を持たせて両方を使い分ける場合もあります。本書でも、この二つの言い方をその時の状況により使い分けています。また「やきもの」は、「焼き物」「焼物」と書かれている書籍なども多くあります。どれも間違いではなく、決まりもありません。ただし本書では、料理の調理法の「焼物」「焼き物」と紛らわしくなるので、「やきもの」で統一します。

```
　　　英語でもややっこしいね。
陶磁器　ceramics. crockery. pottery and porcelin
陶　器　pottery. ceramics.
磁　器　chinaware. china. porcelin
土　器　earthenware
炻　器　stoneware
```

「片口（かたくち）」　昔は液体を甕から器や瓶に移すときに使いましたが今はデザインになっています。口が左に向くように置きます。コレクターもいるほど人気のデザインです。

食器に触れる時の注意

食器は硬くても傷つき易いもの。お店に買い物に行く時や、よそのお宅へ伺った時は、下記の点を注意して取り扱いましょう。

- ■アクセサリーを付けて器に触ると、硬い部分があたってキズ付けることがあります。指環、ブレスレット、ペンダントは要注意です。
- ■ポットなどの蓋のあるものは、蓋をおさえるか外して触りましょう。つい裏側を見たくなってしまう時によく事故が起こります。
- ■他の器の上に置いてはいけません。どうしても重ねる必要がある場合は、クッションになるものを挟みましょう。グラス、薄作り、絵付の器は要注意です。
- ■陶器を漆器と重ねてはいけません。特に新品の漆器は、あっという間に傷が付きます。
- ■上絵付は扱いによっては傷ついたり剥離してしまう事があります。マット釉、鉄釉は、手の汗や汚れが器に移ります。金彩銀彩は黒ずんだら磨きましょう。

茶碗の部分名称

器の名称は、茶の湯の茶碗が基本になっています。日常食器には必要がない部分もありますが、日本文化の知識としてまとめて覚えておきましょう。抹茶碗の部分名称ですが、鉢や皿もここに挙げた名称と殆んど共通しています。

- ■**口縁（口造り）** 器の口の周りをいいます。仕上げの仕方は、玉縁、反り、寄せ口などがあります。
- ■**見込** 器の内側全体を言います。赤絵の時は「見込み赤絵」と表現します。
- ■**茶溜り** 器の見込みの底に最後にお茶が溜る景色のことです。
- ■**胴** 器の外側の中央部分です。　■**腰** 胴下部より、高台または底部までを言います。
- ■**高台** 底に付けられた台の部分。
- ■**高台脇** 腰から高台の間の部分です。ここで釉薬の流れが止まり（釉際）ます。
- ■**高台畳付** 他の器では「糸切り」といいます。テーブルやお膳に接触する、釉薬がかかっていない部分です。置き場所を傷つけないように、綺麗に研がれているもの、安定したものを選びましょう。
- ■**高台内** 高台の内側。うっかり洗い残したり、拭き忘れたりしやすい場所なので、カビや汚れに注意しましょう。

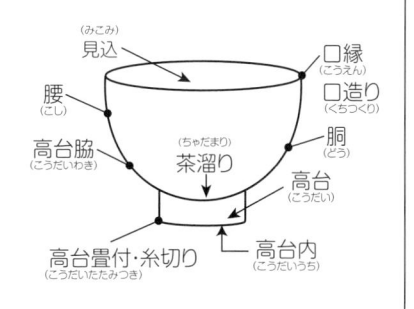

「**足付（あしつき）**」器に足が付いたもの。どんな形でも足があれば足付です。三つ足の場合は、手前に1本足が見えるようにおきます。持っているとちょっと嬉しい器です。

長く陶磁器を使うために

●陶器は吸水性があるので、使用前には水を浸み込ませ、料理の汁や臭みが付かないようにしましょう。使用後はよく乾かしましょう。

●白い磁器は、成分などの違いで白の色が違ってきます。白を買う時は、同じ系統のものを購入するようにしましょう。

●陶器を電子レンジに使用すると、割れる事があるので注意しましょう。食器洗浄機も同じです。

●上絵付の器を電子レンジに入れると、色の部分が焦げたりスパークしたりする事があります。注意しましょう。

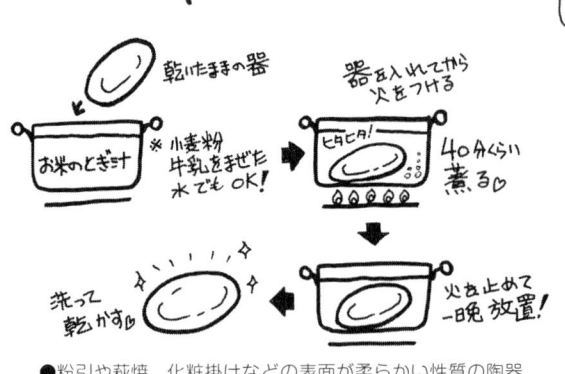

●粉引や萩焼、化粧掛けなどの表面が柔らかい性質の陶器は、購入したら米のとぎ汁などで煮て、目止めをしましょう。シミが付くのを防ぎます。

「手付（てつき）」 持ち手が付いているデザイン。あくまでもデザインなので、持ち手を持ってはいけません。

■ 土 器

　人類の作ったやきものの原点です。最初は、土を成形し、太陽の陽射しのみで焼き固めた「陽干し土器」からはじまりました。その後、地面を掘って木や葉の中で焼く「野焼き」という手法で焼かれるようになりました。土器の特徴は、焼成温度が600℃〜800℃と低温のため、堅く焼き締まることがなく、強度もなく、無釉のため吸水性（水が浸み込む、漏れる）があります。現在では植木鉢や焙烙、インドネシアのロンボク焼などが、土器と同じ作り方で焼かれています。また神棚などの器（祭器）の「かわらけ（土器と書きます）」は、飛鳥時代より変らず作り続けられています。

■ 陶 器

　陶磁器の総称であり、土からできた「やきもの」の総称でもあります。「土もの」ともいいます。しかし正確には、「粘土（陶土）を焼成して、釉薬（うわぐすり・ゆうやく）をかけたもの」を陶器といいます。土器よりも高い1,100〜1,300℃で焼締めますが、吸水性があり、透光性（光を通す）がありません。吸水性があるため、釉薬をかけて表面にガラス質の膜を作り、水を通さないようになっています。唐津焼（佐賀県）、小鹿田焼（大分県）、萩焼（山口県）、京焼（京都府）、美濃焼（岐阜県）、益子焼（栃木県）、マヨルカ焼（イタリア）、デルフト焼（オランダ）、ブンツラウアー陶器（ドイツ）、グムンドナー陶器（オーストリア）などがあります。

■ 炻 器

　粘土と陶石の特徴を併せ持った土を使います。陶器と磁器の中間のやきものですが、「陶器」のカテゴリーに分類されることが一般的です。吸水性が無く、透光性もありません。1,200℃前後で焼成し、堅く焼き

「高台（こうだい）」　高台は器の底の高くなった所。それが他より高い器を高台皿（鉢）と言います。

締まっているために「焼締（〆）」といいます。土器の時代の次（5世紀　古墳時代）に現在の焼締の前身「須恵器」が作られるようになりました。吸水性がないので無釉（釉薬を施さない）のものが殆んどですが、施釉（釉薬を施す）のものもあります。叩くと金属性の高い音がします。備前焼（岡山県）、常滑焼（愛知県）、信楽焼（滋賀県）、伊賀焼（三重県）、越前焼（福井県）、ジャスパーウェア・ブラックバサルト（ウエッジウッド社）などがあります。

■ 磁　器

陶石に、カオリンという粘土、長石や珪石などのガラス質となる成分を加えた磁土から作られます。陶器より堅く、1,300℃～1,400℃の高温で焼成します。吸水性はなく、透光性があります。素地は白。丈夫で扱いが簡単です。17世紀はじめに九州の有田(佐賀県)で作られたものが、日本での磁器の始まりです。有田焼（佐賀県）、波佐見焼（長崎県）、九谷焼（石川県）、瀬戸焼（愛知県）、京焼（京都府）、景徳鎮焼（中国）、リモージュ焼（フランス）、マイセン窯（ドイツ）、リチャード・ジノリ窯（イタリア）などヨーロッパには名窯が多数存在します。（日本では、大きな産地に多数の窯が存在しますが、ヨーロッパの磁器窯は、個々の単独企業として成り立っている為、産地を名称とする「〜焼」と呼ぶ事は稀です。）

■ ボーンチャイナ

磁器の種類の一つです。通常の磁器は「硬質磁器」、ボーンチャイナは「軟質磁器」です。18世紀中頃、ボー窯（イギリス）が開発しました。原料に骨灰を添加しているのでボーン（骨）チャイナ（磁器）と言います。温かみのある乳白色の滑らかな素地が特徴です。近年では骨灰を用いずにリン酸カルシウム（骨リン）を加えています。イギリスのウエッジウッド社は、更に進めて、19世紀初頭に牛骨灰を50％添加し、よりきめ細

「切立（きりたち）」器の渕が底からヘラで切ったように立ち上がったものです。

かく、堅牢で透き通るような輝きのものを作りました。これを「ファインボーンチャイナ」と言います。ボーンチャイナは、①一度焼いたものでも粉砕することにより、何度でも作成が可能です。②型から抜いた時に出来るバリの出っ張りをカット後、再度焼く事により、器のエッジを滑らかにする事ができ、美しい仕上がりになります。③器の生地は薄いけれど強度があります。という利点があります。ウエッジウッド社、ロイヤルウースター社などイギリスの各メーカー、日本のノリタケ社、ニッコー社、鳴海製陶社などで作られています。

7-3　グラスウェアとは

　陶磁器の次に食卓で活躍する存在は「グラスウェア」いわゆる「ガラス製品」です。英語ではすべてのものを「glass」といいますが、日本では、素材として見る場合は「ガラス（例えば、ガラスのお皿、ガラスのコップなど）」という日本語英語を使い、飲み物用のものは「グラス（例えば、ワイングラス、ジュースグラスなど）」というように便利に使い分けています。

　ガラスの器はキッチン用品も含めると、多くの種類が食生活に溶け込んでいます。特にグラス類は生活に欠かせないアイテムです。透き通ったガラスは、爽やかな印象を与え、料理や飲み物の色を楽しむことができます。カッティングなどの様々な技法が施されていると、更に食卓が華やかで明るい印象になります。洋食器、和食器、その他あらゆる国の食器にガラスは存在しますが、古くからその技法は世界各国でほぼ共通しています。そのことからも判るように、ガラスの器は、他のあらゆる素材、あらゆる国の器とも相性がよく、とても使い易いものです。また、

● 和食器の種類 ●
器には用途に応じた色々な種類と呼び名があります。まず身近な和食器の種類を書き出してみましょう。

最近では耐熱ガラスや強化ガラスの種類も増え、扱い易く、更に食卓へのグラスウェアの登場機会が増えています。

　ガラスは身近な素材ですが、すべて同じと思っていませんか？ガラスはその材料の成分によって、性質、特徴が変わってきます。ソーダガラス（ヴェネチアグラスなど）、カリガラス（ボヘミアガラスなど）、鉛クリスタルガラス（一般的にクリスタルガラスと言います）。アンティーク

コラム1　ローマガラスはすごい！

　ガラスは、紀元前5000年後半に釉薬としてメソポタミアで発見され、紀元前3000年〜2000年の前半には、ガラス玉やトンボ玉のような装飾品が、西アジア、エジプト、エーゲ海沿岸のミケーネなどで作られました。容器としてのガラスは、紀元前2000年後半にメソポタミアとエジプトで、同時に作り始められていました。

　紀元前14世紀頃には、エジプトを中心とした西アジア、エーゲ海地域で、国際外交や貿易が盛んに行われていました。ガラスは、工芸材料としてインゴット（塊）で取引されており、エーゲ海沿岸各地（ギリシャ、トロイア、キプロス）では、そのインゴットガラスを使ったガラス工芸が発達しました。

　その後、帝政ローマが、シリア、エジプトを支配したために、多くのガラス技術がローマに移りました。紀元前1世紀になると、吹きガラス技法が発明され、素早く様々な形や大きさのガラスを製造する事が可能になりました。吹きガラスの発見で、大量生産が可能になり、価格が下がったため、ガラス器が日用品として使われるようになりました。これをローマガラスといいます。

　ローマガラスは、食器、貯蔵器、運搬器、医療器具、照明、装身具、建築資材、玩具など、あらゆる種類が作られました。従来の不透明ガラスから、現在のような透明ガラスが主流になり、多彩な装飾技法（紐、貼付、金箔、ペイントなど）も発展しました。現在私たちの周りにある毎日使っている「透明な日用品としてのガラス」は、殆どローマガラスから続いているものです。

●○○○

「大皿・盛皿」尺（30cm）以上〜8寸（24cm）位のお皿。洋皿のプラターやディナー皿と同じです。

の和硝子も）、強化ガラス、耐熱ガラスなどが代表的なものです。

（ガラスの注意事項）
　強化ガラス、耐熱ガラスの他は、急激な温度の変化と熱にとても弱いので注意しましょう。また、直火可と表示されているもの以外は火にかけられません。クリスタルガラスは鉛成分が含まれていますので、酸の含まれているものを長時間入れておくと変色する事があります。注意しましょう。

7-4　シルバーウェア（銀およびその他の金属）とは

■ 銀（シルバー）食器

　銀食器は、ヨーロッパでは代々家に伝わるものであり、日常的に使われるポピュラーな素材です。昔から銀は、金に次ぐ価値を持ち、また硫黄やヒ素に反応し変色する事から、毒見食器として「命を守る」とも言われ、支配階級の財産として貯えられました。丈夫で壊れず、充分なメンテナンスをすれば、代々伝えることができる銀食器は、ヨーロッパでは嫁入り道具の一つとされています。

　銀は単一金属としては柔らかすぎ、食器使用には耐えられない為、少量の銅を混ぜて硬度を出しています。一般的には純度75％以上が純銀製と呼べる最低基準になっていますが、「スターリングシルバー」と呼ばれている最高ランクの純銀の基準は、92.5％に設定されており、それ以下でもそれ以上でもありません。1999年のEU統合で、シルバーは千分率で表示されるようになり、スターリングシルバーは925/1000と表示されるようになりました。

「中皿」7寸（21cn）～6寸（18cm）位のお皿。一人分のお魚の切り身やお刺身が盛り付けられます。

その他「銀食器」とよばれるものに、「銀メッキ（シルバープレート・シルバープラタード）」「洋白（ニッケルシルバー・ジャーマンシルバー）」があります。「銀メッキ」は、金属の型に銀でメッキを施すもので、通常のメッキの厚さは40ミクロン（40μ）前後です。メッキの厚さ、型の金属の種類などで価格が変わってきます。銀メッキの食器は、毎日磨いて1年で1μ薄くなります。40μを毎日磨いて40年、1週間に1回で280年、10日に1回で400年持ちます。その間にメッキの掛けなおしをする事も可能です。

「洋白」は、正式には「洋銀」といい、銅・ニッケル・亜鉛の合金に銀メッキをしています。輝き、感触、重量、品格など純銀に特徴がとても近いため、銀食器と同じ扱いをしています。楽器（フルートやトランペットなど）や一部の硬貨も洋白製です。

銀食器は頻繁に使用しないと、空気中の硫黄化合物に反応して黒く変色します。この変色を防ぐには磨くことが大切です。このメンテナンスが面倒くさく、銀食器を嫌う風潮がありますが、日常的に使用すれば、メンテナンスをする必要はありません。よく使うことにより、銀は少しづつ磨耗し、丸く使い込んだ味が出てきます。

■ ステンレスほか
　ステンレスは、硬く丈夫で、キズが付きにくく、錆びにくく、光沢が美しい。という特徴があります。ステンレスは硬く、可塑性が悪いので、

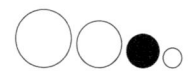

「小皿・銘々皿」5寸（15cm）〜4寸（12cm）位のお皿。取り分け皿、ソーサーとしてとても便利です。

テーブルウェア（食器）の基本　103

コラム2　フォークとファッション

　フォークがヨーロッパ中に広がったきっかけは、1533年にイタリアからフランスのアンリ2世に嫁いだ、カトリーヌ・ド・メディチが花嫁道具として持ってきた事がきっかけです。当時のフランスでは、ナイフとスプーンは何人かで共同で使用し、あとは手で食事をしていました。個人用のフォークが伝わった事で「食事をする時には個人用の道具を使用する」という食事のマナーができました。当時のフォークは柄が長く、二股で、鋭く尖っており、肉を突き刺す。という少し野蛮で使いにくいものでした。なぜそのような形になったかというと、当時、男性の流行のファッションは、「ラフ（raff）」という丸い車型のひだの襟が付いたものだった為、料理が襟に付いてしまい、食事をするのが大変だったそうです。襟に料理が付かないように食べるには、長いフォークに食べ物を刺して、汚れないように食事をする必要がありました。その後、それではあまりにも不便なので、襟は前で割れた形になり、それと共にフォークの柄も短くなったそうです。

直線的な装飾、シンプルな装飾が中心になります。細かい柄、クラシックな装飾は苦手です。そのため、シャープでモダンなイメージのものが多くなります。鉄とクロム、ニッケルとクロムの合金をステンレスと呼びますが、その配合により若干の特徴の差がでます。ステンレス製のカ

「豆皿・手塩皿（おてしょさら）」3寸（9cm）以下のお皿。かわいい形や絵が多く手頃で集めやすいお皿です。

トラリーを見ると、「18-8」「18-10」「STAINLESS STEEL」などと刻まれていますが、これが成分の割合の違いを表しているものです。銀とステンレスはどちらも金属のシルバー色ですが、輝きの質が違うので、混ぜて使うことは避けたほうがいいでしょう。

その他に金属では、鉄、アルミ、銅、ピューター（錫）などが、器、鍋、小物として使われています。

7-5　漆器および木製品とは

■漆　器

漆はアジアの特産で、特に日本で採取され加工された漆は、最高級とされています。漆のテクニックの事を漆芸といいますが、漆芸はとりわけ日本で発展しました。蒔絵などの日本特有の技術が生まれ、その技の美しさから、英語では「JAPAN」（＝日本・漆・漆器・漆を塗る）といいます。

日本の漆芸の歴史は、石器時代に鏃と柄を接いだ接着剤として用いられたことが始まりです。法隆寺の玉虫厨子は、日本で現存する最古の高度な漆工芸品で、日本の漆芸の基礎といわれています。興福寺の阿修羅像を含む乾漆八部衆立像、平等院鳳凰堂の螺鈿装飾も漆芸の代表です。

食器としての漆器は、箸や味噌汁のお椀など、毎日何気なく使っているものから、きれいな蒔絵や漆絵が施された、使うのに緊張してしまうお重など、いろいろな種類のものがあります。日本の家庭には当たり前に存在していますが、近年「扱い方がわからない」「電子レンジにか

「焼物皿」　長角皿を言います。焼き魚を盛り付けるお皿です。秋刀魚用に長い焼物皿もあります。

けられない」などの理由から、漆器を敬遠する風潮があり、とても残念なことです。使い慣れると、取り扱いが思いのほか簡単な事に気がつきます。また、口当たりがとても優しく、味が一段とまろやかに感じられるのが、漆器のいい所です。

漆器で、一つのお椀を作るのに、半年ほど掛かるのが通常です。高価なものも多くありますが、作り方の工程、強度、漆や木の質などで値段は違ってきます。ただし、漆器は塗りなおしをする事ができます。高価なものや思い出のものなどが傷ついたり剥げてしまったら、専門店に相談してみましょう。

■ 木の器（木製品）

漆器は木の器に漆をコーティングしたもので、「木製品」に属します。木の器は、材料が身近にあり、軽く、人の手で成形ができるため、世界中で使われている器の元です。また熱伝導が非常に悪い為、中身が熱くても持つことができ、見た目も優しく、おだやかな印象があります。使い込むほど味が出てくるのも木製品の好まれる特徴です。現在は、作家によるオシャレな木工クラフト作品も多く、とても人気があります。漆器も木製品も陶磁器やガラスとの相性がとてもいいので、上手に付き合って、生活に取り入れて欲しいアイテムです。

木製品で気をつけないといけない事は、乾燥からくるヒビや割れ、湿気からくるカビなどです。漆やウレタン塗装などでコーティングをしていないものは、オリーブオイルやエゴマ油などを薄く塗ることで、浸み込みや乾燥を防ぐことができます。また、木は伐採してから長い年月が経たないと水分が抜けません。長く寝かせていない木を使った木製品は、

「突出（つきだし）皿」 とても細長いお皿。突出し（前菜）をきれいに盛り付けます。

漆器の手入れのしかた

■買ったばかりの漆器は、漆独特のにおいがする事があります。昔は米櫃(こめびつ)に漆器を入れてにおいを取っていましたが、それではお米がもったいないので、「お酢を加えた水（またはお米のとぎ汁）で拭き、ぬるま湯で洗う。」という方法をとるといいでしょう。

■蒔絵(まきえ)の漆器は、洗剤より石鹸水を使い、スポンジよりネルやガーゼで洗います。漆器の全体がぼんやりとくすんだ時は、練り歯磨きとサラダ油を練って、綿布やいらなくなったシャツを切って磨くといいでしょう。（新品だと布にハリがあり傷がつく恐れがあります）

■漆器は、高温・乾燥・直射日光が大嫌い！保管場所は北側の押入れの下の段がベストです。

少しづつ歪みや割れが出てくることがあります。

7-6 テーブル・リネン（布製品）とは

　テーブルに関する布製品（ナプキン、ランチョンマット、センターマット、テーブルクロスなど）の総称を「テーブル・リネン」と言います。リネンとは「麻」の事です。麻はヨーロッパの人々にとっては、エジプトや中国、中近東から運ばれてくる貴重なものでした。家庭で使用するリネン（テーブルリネン、キッチンリネン、ベットリネン、バスリネンなど、様々な大きさ、用途のリネン）に家紋や名前の刺繍(ししゅう)を施し揃えたものが、嫁入り道具の一つであり、「ブライダル・リネン」と呼ばれます。女の子

「大鉢・盛鉢」尺（30cm）以上～7寸（21cm）位の鉢です。「鉢」は浅いと「浅鉢」「深皿」とも言います。

が生まれた家は、「生まれた時から少しずつ刺繍をして、お嫁に行く準備をする」というのがヨーロッパの昔の風習でした。その麻素材のナプキンやシーツなどの総称が「リネン」であり、現在では、布製品全体を「リネン（麻でなくても）」と呼んでいます。

テーブル・リネンには布の種類によってランクがあります。それぞれフォーマルからカジュアルとTPOによって使い分けます。フォーマルの最上級は白のアイリッシュリネン、次がダマスク織り、白い麻に白い刺繍を施したもの、淡い色の麻無地、プリントのものは一番カジュアルとされています。セミフォーマルやカジュアルになると、麻の濃い色、綿素材やジャガード織り、プリントのものなど、色々な種類を楽しむ事ができます。「白のテーブルクロスのレストランは、ハイクラスなので服装も値段もそれなりに」、「チェックのテーブルクロスのレストランは、カジュアルなのでラフなスタイルでOK」と、海外で食事をする時などは、外から店内を見て、テーブルクロスを目安にすると安心です。

🐼 テーブルクロスのランク

Hight ↑
- フォーマル
  - 白のアイリッシュリネン
  - 白のダマスク織（木綿）
- セミフォーマル
  - ダマスク織（白以外）
  - 白い麻に刺繍やカットワーク
  - 麻の無地（淡色）
  - 麻の無地（濃色）
- カジュアル
  - 木綿の無地
  - 木綿・化繊先染め柄
  - プリント柄他

Low ↓

※あくまでも目安です。テーマに合うのであれば、オリジナリティーを優先させて表現する事も大切です。

「中鉢」 7寸（21cm）〜5寸（15cm）位の鉢。使い勝手がとてもいいのが中鉢です。

最近では、ポリプロピレンのランチョンマットや、ペーパーナプキンなど、リネン（布製品）の他に様々な素材があり、柄や色が多彩になって、とても便利です。TPOにあわせて使いこなすと、楽しくテーブルコーディネートができます。

「小鉢」5寸（15cm）〜3寸（9cm）位の鉢。家庭で一番よく使われる器です。

器の歴史

8

歴史に入る前にひとこと！

　テーブルウェアを「和食器」「洋食器」と器の分野でくくってしまうのは少し乱暴な気もしますが、「和食器」は日本人からみた「自国の器」、「洋食器」は「西洋（欧米）及び西洋風の器」としての言い回しであると思います。またテーブルウェアには、前出（7章）のように、陶磁器の他、様々な素材と種類があり、その全てに、現在に至る歴史とエピソードがあります。それらの歴史の全てを知るには、範囲が広くなりすぎますので、本章ではテーブルウェアのメインである「陶磁器の和と洋」に限り、どのような歩みで、現在ここに存在するかを見て行きます。

8-1　和食器の歴史

　日本の「陶磁器」の歴史は、縄文時代からはじまります。現在発見されている最も古いやきものは、長崎県佐世保市で発見された、『豆粒文土器（とうりゅうもん）』という縄文時代草創期（約13000年前）の縄文式土器です。この土器が、現在では世界最古の「やきもの」とされていますが、土器は、地球上のあらゆる場所から出土していますので、本当の最古のものは、まだどこかの地中で眠っているかもしれません。

　土器は、身近にある粘土を水で捏ねて成型し、装飾をし、木や葉などの燃料になるものの上にのせて焼きます。これを「野焼き」といい、焚き火で器の形をした粘土細工を焼くようなものです。この方法では土が締まっておらず、焼成温度も低い為に、水が浸み出したり漏れたりします。しかし木器や石器を、容器や調理器具にしていたそれ以前の人類の

「豆鉢」「小付（こつけ）」「千代口（ちょこ）」　3寸（9cm）〜2寸（6cm）位の小さい鉢。かわいいものが多く、器以外の使い道も多いです。

器の歴史　111

生活に比べると、火にかけられ、大量に煮炊きでき、食べ物を柔らかくする事ができ、成型も簡単な土器の発見は、人類の生活にとって、とてつもない大きな1歩でした。

　日本の縄文式土器をみると、驚くほどのダイナミックなデザインと大胆なフォルムです。しかし、とても大きく、不安定な形状で、おおよそ実用的とは思えないものです。しかも水分が浸み出したりと、火にかけられるとはいえ、大変不自由だったと思います。しかし日本では、縄文式土器（縄文時代）、弥生式土器（弥生時代）、土師器（古墳時代）と、形こそ実用的に変化しましたが、土器の時代がほぼ14000年近くも続いてしまいました。

　まったく進展のない土器の時代が変わったのは、古墳時代に大陸（中国）や半島（朝鮮）との交流で、様々な技術が入ってきてからでした。やきものの技術としては、轆轤、窯（この時代は「穴窯」というもの）、還元炎焼成などの成型、焼成の技術が伝わり、引き続き土師器（土器）を作りながらも、初めて水が浸み出さない焼締めのやきもの『須恵器』が登場しました。5〜6世紀にかけての「須恵器」は殆んど日用品としてのやきものではなく、祭器として作られ使用されていました。7世紀にやっと日用品としての須恵器が作られ、全国の広い範囲に窯が築かれて、量産されるようになります。ここで初めて人々は「水がもれない丈夫な食器」を手に入れることができました。

　この頃の須恵器は、長石・石英を多く含んだ、鉄分の多い土を使い、轆轤でスッキリとした形を作り、穴窯で1000℃〜1100℃の高温で焼

「珍味」珍味を盛る小さな器。蓋物、鉢、皿、色々あり、形も凝ったものが多く楽しい器です。

年表　時代のくくり

　時代のくくりは、ヨーロッパ、日本それぞれ諸見解があり、はっきりと定まってはいません。日本のくくりは、「古代はいつからか」という「七五三論争（3世紀5世紀7世紀）」というものがある程あいまいです。ヨーロッパにおいても同じようなもので、各国がそれぞれの見解をもっているので、ここが境目、というようにはいきません。

　ここでは、やきものの歴史と食文化や生活様式の変化、それに社会情勢にあわせて、それぞれの時代を区切りました。古代の始まりの大幅な差は、ヨーロッパは文明がはっきりしているので4大文明の興りからにしましたが、日本は、邪馬台国論争が未だに続いている状態なので、土器から陶器に変わった、古墳時代後期にしました。

ヨーロッパのくくり

（原始）	文明前
古代	BC5000年（メソポタミア文明）〜5世紀後（476年ローマ帝国崩壊）
中世	476年〜15世紀末（1499年ルネッサンス中期）
近世	1499年〜18世紀後（1789年フランス革命）
近代	1789年〜20世紀中（1945年第2次世界大戦終了）
現代	1945年〜

日本のくくり

（原始）	土器の時代
古代	5世紀（陶器製作開始）〜12世紀末（1192年平安時代終了）
中世	1192年〜17世紀初（1600年関が原・1592年やきもの戦争）
近世	1600年〜19世紀中（1867年明治維新）
近代	1867年〜20世紀中（1945年第2次世界大戦終了）
現代	1945年〜

成するという、土が締まった丈夫なものでした。このやきものは、窯の中の燃料である木や藁などの灰がかぶり、それが自然の釉薬（自然釉）になり、器に表情をもたせるように彩っていました。この方法が現在で

「向付（むこうづけ）」　懐石料理の飯碗、汁椀の奥に置く小鉢。懐石では一人分のお刺身を盛ります。
1個でも成り立つ存在感のある器です。

は、備前焼、越前焼、常滑焼などに代表される「焼締め（炻器）」の始まりです。（現在の焼成温度はもう少し高く1200℃前後です。）

　ただし陶器とは、正確には「釉薬をかけた（施釉）やきもの」の事です。その技術が導入されるのは、遣隋使から遣唐使と、中国との交流がさかんになった飛鳥時代になってからです。緑釉という釉薬を掛けた「緑釉陶器」と呼ばれる、華やかな色付のやきもの（当時の緑釉は地味な緑色ですが、「色がある。」という事が重要です）を焼く事ができるようになり、7世紀末にして、やっと日本の陶器の歴史が始まることになります。

　とはいっても、施釉陶器が庶民の手に入るわけではなく、天皇や寺院や貴族などの特権階級の人々のものでした。庶民は相変わらず無釉の須恵器を使ってました。平安時代になると、須恵器を作る際に出る大量の灰を使った、日本初のオリジナル釉薬「灰釉（かいゆう・はいゆう）」が発明され、猿投窯（現在の愛知県瀬戸市）という所で作られるようになりました。しかし、技術がはるかに勝っている、唐物（当時の中国陶磁の総称）の美しい陶器の数々には完成度がまったく及ばず、貴族達も好んで唐物を収集したので、日本の施釉陶器はまったく広まらず、猿投窯のみで細々と作っている程度でした。

　鎌倉時代になっても、発展したのは従来の須恵器の窯でした。その結果、無釉の焼締め陶器を大量に作ることができる窯場が、日本中に続々と出現し、生活雑器（主に、壺・甕・すり鉢）がさかんに生産されました。当時から現在まで残っている、最も古い窯は「六古窯（信楽・瀬戸・常滑・越前・備前・丹波）」と呼ばれており、同じ土地で800年あまり「やきもの」を作り続けています。またこの時代（鎌倉時代）には、唐物が

「飯碗」「茶碗」ともいいます。一番親しみのある器ですね。夫婦（めおと）茶碗では、男性用が青で大、女性用が赤で小というのが昔からの慣例です。

114　食卓を楽しむ

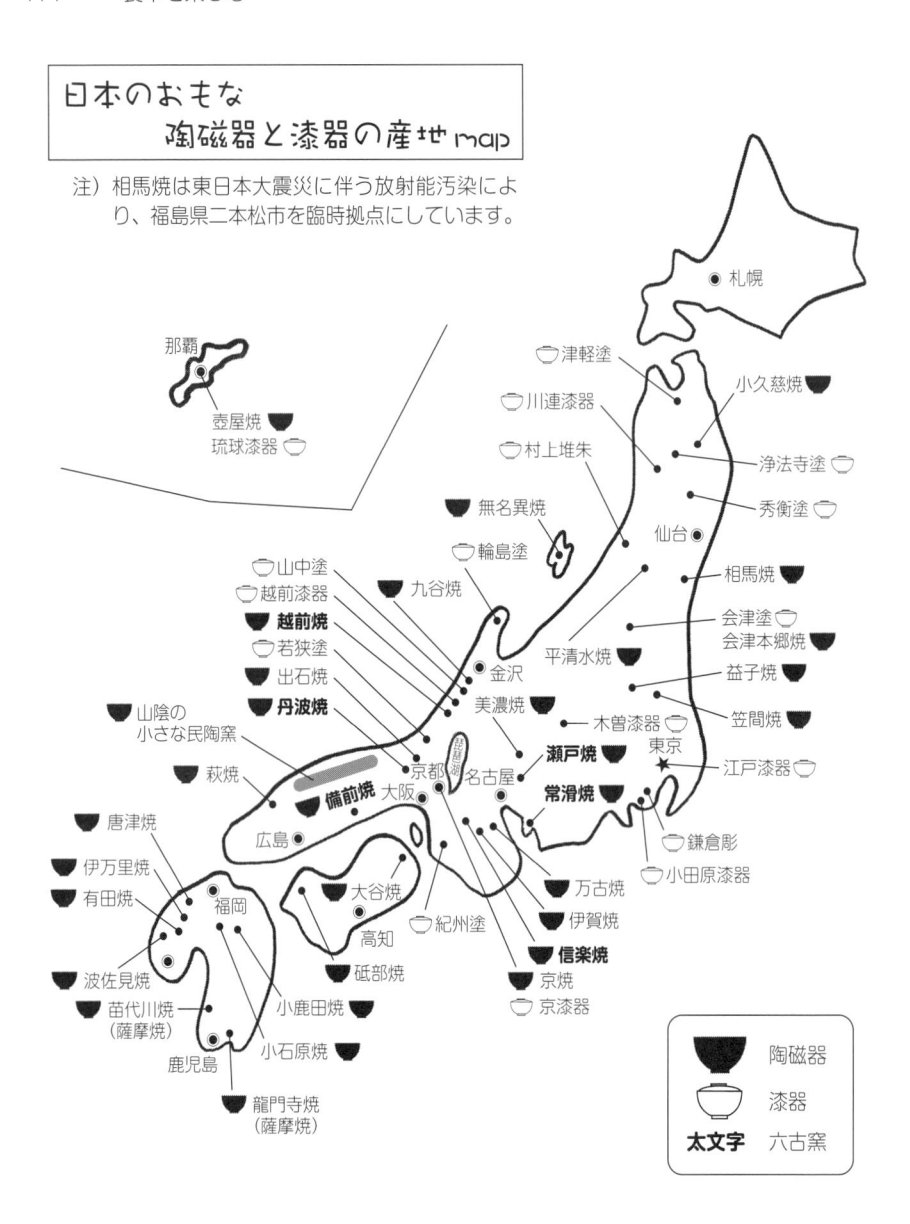

日本のおもな陶磁器と漆器の産地 map

注）相馬焼は東日本大震災に伴う放射能汚染により、福島県二本松市を臨時拠点にしています。

- 札幌
- 那覇
- 壺屋焼
- 琉球漆器
- 津軽塗
- 川連漆器
- 村上堆朱
- 無名異焼
- 輪島塗
- 小久慈焼
- 浄法寺塗
- 秀衡塗
- 仙台
- 相馬焼
- 会津塗
- 会津本郷焼
- 山中塗
- 越前漆器
- **越前焼**
- 若狭塗
- 出石焼
- **丹波焼**
- 九谷焼
- 金沢
- 平清水焼
- 益子焼
- 笠間焼
- 美濃焼
- 木曽漆器
- 東京
- 江戸漆器
- 山陰の小さな民陶窯
- 萩焼
- 京都
- **備前焼**
- 大阪
- 名古屋
- **瀬戸焼**
- **常滑焼**
- 鎌倉彫
- 小田原漆器
- 唐津焼
- 伊万里焼
- 有田焼
- 福岡
- 広島
- 大谷焼
- 高知
- 紀州塗
- 万古焼
- 伊賀焼
- 波佐見焼
- 苗代川焼（薩摩焼）
- 小鹿田焼
- 砥部焼
- **信楽焼**
- 京焼
- 京漆器
- 小石原焼
- 鹿児島
- 龍門寺焼（薩摩焼）

凡例：
- ■ 陶磁器
- ▽ 漆器
- **太文字** 六古窯

「姫丼・小丼」 茶碗より一回り大きく、丼より小さいもの。小さい丼物や、お茶漬けに使えて便利です。

かなり輸入されていましたが、高値であり、需要量には数がたりていませんでした。唯一施釉陶器の技術を持っていた猿投窯では、人気の唐物の茶道具や宗教用具の写し（コピー商品）を、上級階級の要望に応じて作っていました。

　鎌倉末期から室町時代にかけて、喫茶の風習（点茶法）が明から輸入され、室町中期（15世紀）には茶の湯が盛んになりました。室町時代は南北朝の内乱から始まり、初期の頃は華やかな北山文化と共に、唐物が全盛期を迎えていましたが、常に戦いが絶えない混沌とした下克上の戦国時代を迎えると、禅の精神を重んじた「侘び茶」が主流となります。侘び茶は「茶の湯の中に真実を追究する」という考えで、茶道具も今までの貴族的な華やかな唐物から、素朴な風合いの「高麗物（朝鮮のやきもの）」や日本の庶民の雑器（日常に使う焼締めの器）が好まれるようになりました。茶道の点前の基礎が興ったのもこの頃です。

冬茶碗　夏茶碗

　さらに日常的に戦いが起こる中、武将たちは、精神の安定を求めるように茶の湯に傾倒していき、茶道が武士の必須条件なりました。ついには信長の時代に、茶道具が政治的道具として使われるようになってきます。それと共に茶陶（＝やきもの）はめざましい発展を遂げることになり、美濃では、黄瀬戸、瀬戸黒、志野、織部という施釉陶器が作られるようになりました。

　室町幕府が滅び、安土桃山時代になると、千利休が「侘び茶」を確立し、楽長次郎が利休好みの「楽茶碗」を作ります。ちなみに、楽長次郎は個

「丼」7寸（21cm）〜5寸（15cm）位で大きさは様々。蕎麦など熱いものには高台がしっかりした物を。

人名で活躍した日本で最初の陶芸家であり、「楽焼」は日本で初めてのブランド品です。この時代は、文化が飛躍的な発展を遂げ、また商業や経済、流通もさかんになりました。各地で個性的なやきものが生み出され、やきものはどんどん成熟していきました。

そして、日本の「やきもの」にとって、第二の幕開けとなる「文禄・慶長の役」を豊臣秀吉が始めます。朝鮮との長い遺恨を残したこの戦いは、「やきもの戦争」とも言われており、日本のやきもの史の中では最も重要な出来事であり、日本史としても、長い戦いの時代が終わり、泰平の世の江戸時代に変わる重要なポイントです。

やきもの戦争で、朝鮮に出陣していた武将達は、沢山の陶工を連れて戻り、「登り窯」「蹴轆轤」が伝わりました。その結果、各地（武将達の

コラム3　醤油を詰めたコンプラ瓶

「コンプラ」とはポルトガル語で「仲買人」という意味です。17世紀中頃から明治にかけて、長崎県波佐見で焼かれた白い磁器の瓶に醤油が詰められ、オランダ東インド会社を介し（仲買）、長崎出島からヨーロッパに輸出されました。当時醤油はヨーロッパで人気があり、今ではコンプラ瓶は日本で探すより、ヨーロッパの蚤の市のほうが沢山見つかります。染付で「JAPANSHZOTA（日本の醤油）」と書かれたコンプラ瓶は、素朴なフォルムとすっきりしたデザインが、今でも使えるとてもおしゃれな容器です。トルストイはこの瓶を花入れに使っていたそうです。海外の蚤の市などで見かけたら、この瓶がお醤油を入れて長い旅をしてきたことを思ってみてください。

「汁椀」　焼き物の時の「わん」は石偏で「碗」、漆器の時は木偏で「椀」。漢字ってすごいですね。

領地)に新しい窯が沢山できました。そして何よりも1番重要な事は、「磁器」を作る事ができるようになったと言うことです。磁器は中国では隋の時代から作られていましたが、日本ではその原料となる磁土を発見する事ができずにいました。磁器の白い透けるような肌あいは、憧れであり、唐物の磁器を手本に、なんとしてでも自前で白いやきものを作りたい一心で出来上がったものが、志野の白い釉薬だといわれています。

　肥前（佐賀県）の領主、鍋島直茂が、朝鮮から連れてきた陶工の一人「李参平」が有田で磁器を作るのに適した良質の磁石を発見し、磁器の土を作り、薄く成形する轆轤の技術、高温で焼く窯の技術を伝えたのでした。それが日本初の磁器、「鍋島焼」「古伊万里焼」（現在の伊万里焼、有田焼）です。

　当時ヨーロッパでは、王侯貴族の間で磁器が空前のブームとなっており、オランダ東インド会社は明国から大量に磁器を買い付けていました。ヨーロッパも日本と同じで、憧れの磁器を作ろうとしても作れない状態が続いてました。日本で磁器が作れるようになったその頃、明が滅び、国が乱れてしまい、やきものを作ることが出来なくなってしまっていました。磁器がどうしても欲しいオランダ東インド会社は、磁器を作る事ができる窯を見つけるために日本に立ち寄り、鍋島藩が磁器を作りはじめている事を知りました。鍋島藩では大量の注文を受注し、伊万里焼として輸出したのでした。（伊万里の港から出荷したので、伊万里焼とよばれました）陶工たちは、オランダ東インド会社の厳しい注文に応える為に未熟だった技術を磨き、その結果「雪のように白い」と称される磁器をつくりだしました。そして「濁し手」という独特の素地の柿右衛門様式が生まれ、伊万里焼はヨーロッパの宮廷に絶賛を浴びながら広がる

「蒸し碗」　茶碗蒸しなど蒸し物用の器。蒸し器に入れて高温で調理するので丈夫なものを選びましょう。

ことになります。

　その他の陶磁器の生産状況は、茶の湯が急速に廃れたため、瀬戸、美濃、信楽、伊賀、備前などは茶陶の生産から再び雑器の生産に戻っていました。一方、各地では続々と新たな窯が開かれ、殖産(しょくさん)事業として藩(はん)の保護のもと発展していきました。数々の名工も現れ、産地独特の特徴も確立され、今私達が日常的に使っていたり、目にしている陶磁器とあまり変わらない器たちが登場するようになりしだ。江戸時代後期になると、瀬戸、美濃でも磁器が大量生産されるようになり、磁器が日本を代表する産業になりました。

　明治時代になると、幕藩体制が終焉したため、藩の保護を受けてい

コラム4　とってもコンビニエンスな「くらわんか碗」

　江戸時代、大阪（江戸時代は大坂）—京都間の淀川には三十石船が沢山往来していました。その船に、軽食を売る「煮売り船」が近付き、「飯くらわんか〜」「餅くらわんか〜」「酒くらわんか〜」と声をかけます。その時に、飯でも煮物でも酒でもなんでもよそって手渡す、とても便利な磁器のお碗が「くらわんか碗」です。何枚重ねても安定がとれる形、片手で渡して片手で受け取れる大きさと角度、どんな物にも使える使い勝手のよさ。煮売りの値段に響かない価格の安さ。「くらわんか碗」はとってもコンビニエンスな庶民に親しまれている雑器です。長崎県の波佐見焼が発祥ですが、その後、愛媛県の砥部(とべ)焼でも作られるようになりました。最近とても見直されている器です。

砥部焼　梅山窯のくらわんか碗

スタッキングOK！

片手でかんたん！

「菓子鉢」　中鉢と同じ位の大きさです。本来はお茶席でお菓子を供する鉢ですが、最近は何にでも使っています。

た窯は、財政的に大きな打撃を受けることになりました。しかし、同時に鎖国も解けて海外へのドアも開らく事になりました。ヨーロッパやアメリカでの万国博覧会への出品などで、海外輸出が多くなり、海外から新しい技術を取り入れ、新製品を開発するなど様々な努力により、新しい日本の陶磁器がつくられるようになりました。ヨーロッパにおけるオリエンタルブームは、日本の輸出量を増やすことにつながり、アールヌーボーではジャパンブームが興りました。ヨーロッパの各窯やアーティストたちが、こぞって日本芸術の影響を受けた作品を発表し、現在もそのデザインはそのまま、ヨーロッパの多数の窯の製品に残されています。

　20世紀に入ると、思想家である柳宗悦(やなぎむねよし)が中心となり、浜田庄司(しょうじ)、河井寛次郎などと共に「民芸運動」が興ります。「実用雑器にこそ美しさがある。民陶(みんとう)を見直そう。」という「用の美」を提唱し、世界中に日本の民陶ブームが興ります。

　日本のやきものは、長い歴史の中、日本独自のものと、中国や朝鮮の陶工達による技術と技法、さらには茶道からくる独特の美的感覚によって、世界に稀を見ない発展をとげました。現在は、食生活をはじめ生活全般が多様化され、伝統的な従来の和食器と、新たなライフスタイルにあったデザイン、スタイルの器が、常に私達に提供されています。そして日本文化、日本食のブームもあり、海外にも多く和食器が輸出されています。日本の陶磁器産業としては、確かな技術と技で、全世界に日本製の器（洋食器）が輸出され、海外有名ブランドへの技術提供も多く行なっています。

「箸置」　お箸を置くための台。珍味皿と兼用の珍味箸置、小さな花入れが付いた物など種類が豊富です。

8-2　洋食器の歴史

　人類の定着生活が早くから始まったのは、水の確保ができる、緑豊かな河川の流域です。四大河川地域（チグリス・ユーフラティス川、ナイル川、インダス川、黄河）は、その定住が最も早く、そこから文明（メソポタミア、エジプト、インド、中国）ができ、社会が形成された地域です。そこで人間は土器を作り始め、その土器たちは近隣諸地域に文化と共に流れていき、それぞれの地域で独自に育まれていきます。現在のイラン、イスラエル地域では、灼熱の太陽熱で焼かれた陽干し土器が発見されています。これは、メソポタミア文明が興る1000年程前（BC6000年頃）に作られたものということが判っています。
　その後土器は、太陽熱から人工の火で焼き固められた土器になります。土器は、研磨や彩土や文様などの美しい装飾を持つようになり、西アジア、エジプト、ギリシャなどで作られていきます。BC3000年頃にはエジプトで手動轆轤が使われ始め、量産ができるようになりました。BC2000年頃には土器から陶器に発展し、自然釉による施釉陶器が作られるようになりました。

　古代〜中世の西アジア及びヨーロッパは、戦い、侵略の連続で、民族も安住の地を求めて移動を余儀なくされていました。イスラム教、キリスト教などの宗教が起り、大きな力を持ち、度々宗教戦争も起ります。その中で商人達は、逞しく海を渡り、様々な土地に行きました。それと共に文化や技術が各地に運ばれ、混ざり合い、新しい様式が生まれていきます。陶器も同様で、ヨーロッパの様式とオリエンタルな様式が混ざり合いながら、様々な施釉・装飾技術が各地に拡がりました。しかし人々

「急須」胴、口、取手が一体になった茶器。火にはかけられません。2人用（360cc）位が使い易い大きさです。

の生活に安定がなかった為に、およそ1000年もの間は進歩が少なく、陶器から土器へ逆戻りなどの現象も多くありました。人々は争いのなかで、移動を繰り返していたため、その技術の発展は近世の初め（16世紀）になっても古代とあまり変わらない。というものでした。（戦いに明け暮れた時代の事を「暗黒の中世」と言います）

　古代ローマ（BC735〜AC476）では、毎日のように宴会が開かれ、夕方から深夜まで寝椅子に寝転びながら、音楽や踊りを楽しみ、テーブルに盛られた料理を食べ続けるというものでした。そのテーブルに盛られた料理は、「卵から林檎まで」と言われ、必ず卵料理から始まり、林檎で終っていました。フォークなどはなく、ナイフと手で食べており、指を洗うためのフィンガーボウルは、この時代から始まったものでした。また、生ハムメロンなど、現在でも食べられている組合せは、古代ローマ時代から続いているものです。

コラム5　中世ヨーロッパのとんでもない法律

　「音を立てて食べてはいけません」「食器をカチャカチャと鳴らしてはいけません」「手を使って食べてはいけません」「ナイフで刺して食べてはいけません」など、食事のマナーは沢山あります。食事は「美しく優雅に」食べましょう。ということですが、これは長い間ヨーロッパでは、とても野蛮な食事をしていた事の反省からきてます。

　ヨーロッパの中世は、戦いと侵略に明け暮れ、教会が堕落し、伝染病蔓延した暗い時代でした。いつ襲われるかわからない状態で、とにかく手とナイフで貪（むさぼ）り食い、汚くてもお構いなし、宴会になると口論から刃傷沙汰になり、死者が出ることも度々ありました。あまりにもこういった事件が多いので、

　『7人以上の食事の場合、誰が殺されても誰も罪に問わない』

という、驚くべき法律ができました。

「土瓶」　薬缶のように火にかける煎じ土瓶とお茶用の土瓶があり、取手は取り外せます。急須より大振りが普通です。

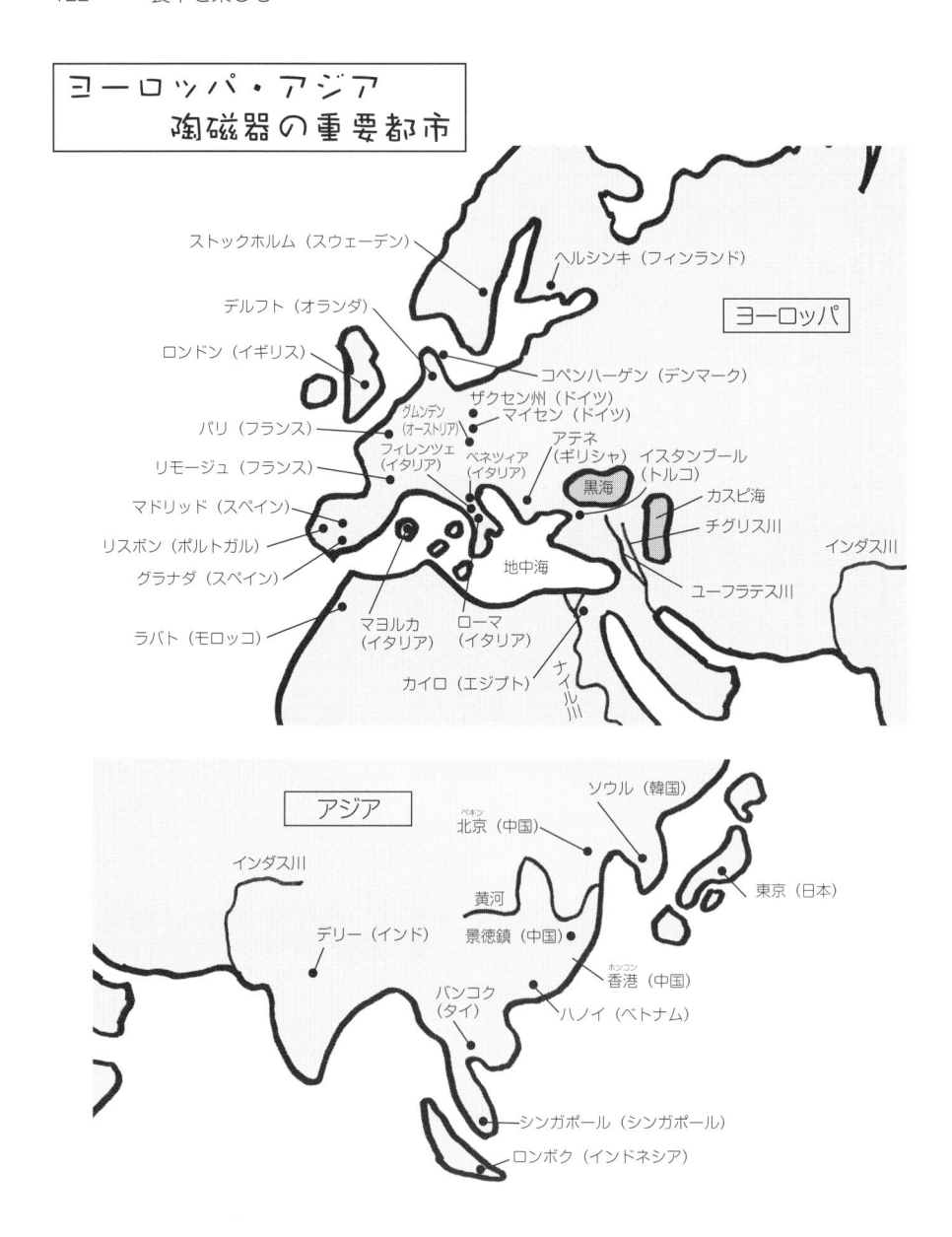

ヨーロッパ・アジア 陶磁器の重要都市

ヨーロッパ

- ストックホルム（スウェーデン）
- ヘルシンキ（フィンランド）
- デルフト（オランダ）
- ロンドン（イギリス）
- コペンハーゲン（デンマーク）
- グムンデン（オーストリア）
- ザクセン州（ドイツ）
- マイセン（ドイツ）
- パリ（フランス）
- フィレンツェ（イタリア）
- ベネツィア（イタリア）
- アテネ（ギリシャ）
- イスタンブール（トルコ）
- リモージュ（フランス）
- 黒海
- カスピ海
- マドリッド（スペイン）
- チグリス川
- インダス川
- リスボン（ポルトガル）
- グラナダ（スペイン）
- 地中海
- ユーフラテス川
- ラバト（モロッコ）
- マヨルカ（イタリア）
- ローマ（イタリア）
- カイロ（エジプト）
- ナイル川

アジア

- ソウル（韓国）
- 北京（ペキン）（中国）
- インダス川
- 黄河
- 東京（日本）
- デリー（インド）
- 景徳鎮（中国）
- 香港（ホンコン）（中国）
- バンコク（タイ）
- ハノイ（ベトナム）
- シンガポール（シンガポール）
- ロンボク（インドネシア）

「宝瓶（ほうひん）」 取手のない玉露用の小振りの急須。玉露は抽出温度が低い（60℃）ので取手がなくても大丈夫。

このように、一見とても進んでいるようなヨーロッパの食事情の初期ですが、暗黒の中世といわれる時代はとても悲惨なものでした。まだフォークはなく、ナイフと木のスプーンと手が主流でした。古代ローマ時代のように寝転んで食べるなどと言うことはなく、すぐにでも戦闘態勢に入れるように、椅子に座った形が主流になりました。料理は大皿に盛られ中央に置き、好きなだけ取って食べる方法でしたが、取り皿は使わずに、テーブルの上の自分のスペースに直に置くか、カチカチのパンの塊を少しえぐって皿代わりにし、食事の後は料理が浸み込んだパンを、召使が食べたり、家畜の餌にしたりしていました。マナーなどは程遠く、豪快で、酒が入ると殺し合いが始まるなど、食事状況は凄まじいものだったようです。その一方で、中世後期の騎士階級でも上流に属する貴族（王

> **コラム6　カップ＆ソーサーのはなし**
>
> 　1662年イギリスのチャールズ2世妃、ポルトガル皇女キャサリンは、喫茶文化をイギリスに持ち込みました。その時のカップは小さく取手がなく、ソーサーは深いものでした。ソーサーがいつ伝わったかは不明ですが、貴族たちは熱いお茶を深いソーサーに移し少し冷まして、音をたてて飲んでいました。17世紀末にロンドンで取手付カップが登場します。18世紀初めは、家族用は少し大ぶりの取手付カップ、パーティやフォーマルな所では、取手のない小さなカップ＆ソーサーを使用してました。
> 　現在の紅茶のカップが口広の形なのは、紅茶がアジアから伝わったもので、アジアはやきものを轆轤で成形する「轆轤圏」だからです。コーヒーカップが筒型なのは、コーヒーが中近東から広まり、中近東のやきものは、板作りのタイルが主流の「タイル圏」だからです。二つの違いは、アジアと中近東という、やきものの成形法の違いによるものです。口が広いと香りがよく、熱い紅茶が飲みやすくなるから。口が狭くて深いと、コーヒーが冷めにくくなるから。というのは、後からの理由付けです。

「ポット」　紅茶用のポットを日本茶用に改良したカジュアルなもの。取手が輪になっており注ぐ時安定します。

侯貴族）の宴会は、とてつもなく豪華な料理と、贅を尽したテーブル装飾に満ち溢れていました。貴婦人たちは皆美しく優雅に上品に手で食事をしたそうです。より階級が上の貴族（王）が使用する器は、大変豪華な装飾が施された陶器や、金、銀食器、ガラスのゴブレットを使っていました。階級が下がるごとに真鍮（しんちゅう）、ピューター、木そして前出のようなパンになりました。

　1299年に中国磁器を「東方見聞録」でマルコ・ポーロが紹介してから、磁器が「この世の至高（しこう）の什宝（じゅうほう）」とされ、ヨーロッパ各国の王侯貴族達の憧れの的でした。ヴェネチア提督（ていとく）は、東方スルタン（イスラム教圏での君主号、国王、皇帝などの事）からの贈り物は、必ず中国磁器を望み、磁器のコレクションをしていました。ヨーロッパの城は、太陽の光が届かない暗い部屋を、ロウソクと松明（たいまつ）の火で無理やり明るくさせていました。しかし、ロウソクは貴重で高価、松明は煤で壁や絵画が黒くなるため、客間には使えず、そのため、客がいる場所以外は、たいそう暗かったそうです。貴族の財を誇示する黄金もガラスのシャンデリアも光を受けないと輝かず、その他には陶器と鉄と木と石のみの城内で、透けるように華奢で透き通るような白い磁器は、この世のものとは思えないほど清楚で気高く美しく感じられたに違いありません。しかし、ヨーロッパでも日本と同じで、いくら憧れて作ろうと試行錯誤しても、どうしても磁器を作ることができませんでした。当時は磁器になる陶石、カオリンを発見できず、製法も判明していませんでした。釉薬が日本よりも進んでいたヨーロッパでは、白い釉薬をまんべんなくかけて白地を作り（化粧掛け・エンゴーベ）、そこに絵付を施した陶器（デルフト陶器他）を作ったり、ガラス質の素材で白く透けるような華奢な素地を作ったり（メディ

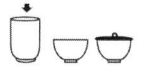

「湯呑（ゆのみ）」　筒型で口が狭くて深いもの。番茶やほうじ茶など熱いお茶を注ぎます。冷めにくい形です。

チ磁器）と、磁器もどきの器が沢山作られました。（メディチ磁器は華奢でもろすぎた為、現存のものは数枚しかありません。）

　ヨーロッパの王たちが磁器を作ろうと必死になっていた 17 世紀は、イギリス（1600 年）、オランダ（1602 年）、フランス（1604 年）の東インド会社が設立されました。ヨーロッパの大航海時代（15 世紀～17 世紀）は、航路が発見され、次々に植民地を増やし、諸外国との船での貿易も盛んになりました。オランダ東インド会社は、盛んに中国（明）から、貴族の憧れの磁器や緑茶を買い付けて、ヨーロッパ中の貴族たちに売っていました。磁器は運んでも運んでも足りないほどの人気でしたが、1644 年に明が清に滅ぼされ国内情勢が悪化したため、取引ができない状態になってしまいました。需要があるが供給ができずに困っていたオランダ東インド会社は、日本の鍋島藩で作られている磁器に目を付け、中国磁器の代わりに買い付けるようになりました。日本の磁器の透き通るような白い素地は「雪のように白い」と称されました。これは、オランダ東インド会社の厳しい要望に応える為に、陶工たちが開発を重ねて出来上がったものでした。現在の佐賀県有田町で焼かれていた磁器は、伊万里の港から出荷され、伊万里焼と呼ばれ、中でも「濁し手」という乳白色の素地に優美な絵付をした柿右衛門様式の磁器は最高級とされ、東洋の美として、大変な人気をはくしました。

　ザクセン公国（現在のドイツ）アウグスト王は、貴族たちの憧れである東洋の磁器のヨーロッパ版を、自国で製作する事に大変な意欲を燃や

「煎（千）茶碗・汲出し（くみだし）」 口が開いていて浅いもの。煎茶を注ぎます。
元は白湯を注いだもの。お茶の色、香りが楽しめます。

していた国王の一人でした。莫大な財産を費やし、様々な手を尽しました。その結果、1708年に磁器作成法が解明、材料となる陶石（カオリン）も発見されて、遂にヨーロッパで初めての磁器製作に成功しました。1710年に「王立ザクセン陶磁工場」を設立、厳重な機密保持のもと、ザクセン産の磁器が作られるようになりました。マイセンの地に作られたこの窯が、現在の「国立マイセン磁器製作所」で、「マイセン窯」と呼ばれているものです。この時から、ヨーロッパの磁器が急速に発展展開され、わずか40年後にはヨーロッパ全土で磁器が製作されるようになりました。ヨーロッパのやきもの事情、磁器事情がここから大きく変化し、これまで陶器を作っていた多くの窯も、こぞって磁器窯となり、新たに歩みはじめました。（アウグスト王が機密保持を厳命しても、賄賂のはびこるこの時代は、機密である製法技術は直ぐに広がってしまいました。）

　中国では清の内政も安定し、景徳鎮という一大磁器生産地では、安価な磁器が大量に製作されていました。1721年にはイギリス東インド会社が中国のお茶（緑茶）の輸入権を独占し、お茶を運ぶ船の中で茶葉が海水に浸らないように、船底に安価な磁器を敷き詰め（バラスト）、その上に茶葉を乗せて運びました。その位中国の磁器は安くなり、ヨーロッパでは庶民でも磁器を手にする事ができるようになりました。1760年にはイギリスで産業革命が興り、新たな美しい磁器「ボーンチャイナ」が開発され、ウエッジウッド社が設立され、メーカー（製造販売会社）という新しい窯の形が出来ていきます。（今までは殆んどが王立か貴族の出資の窯でしたが、会社という組織ができてきました。）

　イギリスの産業革命（1760年から始まったとされています）直前の1753年に、アイルランドの銅版彫刻師のジョン・ブルックスにより、

「抹茶碗（まっちゃわん）」　抹茶用のお茶碗。薄手で浅い夏茶碗、厚みがあり深い冬茶碗。お茶席では季節や格が大切です。

コラム7　アフタヌーンティーのこと

　アフタヌーンティーは19世紀に、7代目ベットフォード公爵夫人アンナがロンドンで始めました。その頃の貴族の食生活は、「イングリッシュブレックファースト」と呼ぶ、盛り沢山の朝食を食べて、昼食は簡単に済ませていました。しかし、社交的な晩餐は夜8時以降と、遅くから開始するようになっていました。昼食と夕食の間が空きすぎるので、夫人は、間に軽いフードを食べれば晩餐までもつと考えました。それと同時に、午後の時間帯に夫人を訪問する客にも、パン、お菓子、お茶を出してもてなすことが始まりました。この習慣は上流社会に広がり「午後のお茶」と呼ばれるようになります。19世紀中より、一般庶民の間でも、ティーブレイクとして楽しまれるようになりました。

★スペースがあれば立体にはしません。

コラム8　ハイティーのこと

　アフタヌーンティーは夕方4時ころから、居間や客間で行われます。ローテーブルに提供し、ソファーや椅子に思い思いに座り、会話を楽しむ社交の場です。それに対し、「ハイティー」は5時〜6時ころに食卓で行われます。スコットランドの労働者階級の人たちが、仕事終わりに少し早い夕食としてとるものが「ハイティー」です。アフタヌーンティーよりボリューミーで、肉や魚も出され「ミートティー」とも言われます。「ハイティー」の「ハイ（high）」は、ロー（Low）テーブルに対しての食卓（ハイテーブル）の意味です。アメリカの「ハイティー」は、アフタヌーンティーと同じ意味で行われます。それは、イギリスからの移民が多かったアメリカで、「High」の意味を「Formal（high class）」と勘違いしたまま広がってしまったからです。

　転写版絵付（オーバーグレイス・トランスファー・プリンティング）の技術が開発されました。イギリスでは産業革命以降、裕福な庶民が急激に増え、磁器が大量に売れるようになりました。そこで、転写技術を用

「蕎麦猪口（そばちょこ）」江戸っ子こだわりの器。口は8cm前後、高さは指4本（7cm）位、重ねても倒れないが条件です。

いて、手描きだった絵付けを、器にプリントする事に成功しました。これにより、同じ柄の器が大量生産でき、古伊万里柄やシノワズリー柄も簡単にプリントでき、価格も下がり、庶民も磁器を気軽に手に入れることが出来るようになりました。この転写絵付技術は明治時代に日本に伝わり、海外で人気の日本の柄を転写した磁器が数多く輸出されました。

しかし産業革命後、あらゆる分野で機械化が進み、大量規格化製品が作られるようになると、工芸家や美術家たちはこの状況に不満を持ち、1859年に「アーツ・アンド・クラフツ運動」が興りました。ロココ調の復活、古代陶器、古代様式などが復元されました。この運動はヨーロッパ全土に広がり、ウィーン万博（1873年）では、日本政府が薩摩焼や九谷焼などをはじめとした日本美術を紹介したことで、東洋オリエンタルブームが再び興ります。東洋美術とバロック、ロココが混ざり合った新しい様式表現を「アールヌーボー（1880年）」といいます。20世紀に入り、華美なものより、日常の生活に使う使い勝手のいい庶民の為の器「民陶」が美しいとされる、「民陶ブーム」が広がりました。世界的に民芸運動が興り、日本の民陶は絶大な影響力を持ちました。

18世紀以降にヨーロッパ各地に多数設立された磁器窯は、現在も多く残り、独自のデザイン性と技術で世界中に紹介されています。それは、私達日本人の生活の一部にもなり、憧れの存在にもなっています。規模は磁器より大分小さいですが、味わいの深い陶器も各地で多数作られており、各地域産業の一助となっています。EU統合後、ヨーロッパの陶磁器メーカー各社は、販売権、販売ルート拡大のため、合併が相次ぎ、昔ながらの優れた窯の名前とマイスターの技術が消えつつあります。それはグラスウェアやシルバーウェアも同様で、とても残念なことです。

● 和食器の柄 ●
和食器には様々な日本の伝統文様が絵付されています。季節や行事などを表しているものも多く、それを察するのも和の心の面白さです。

陶磁器のできるまで

9

工程を知る前にひとこと！

　物が出来上がるまでの工程は、とても興味深いものですが、物が溢れている現代の生活の中では、最初から最後までオートメーションで作られる工業品のほうが多くなっています。食器も例外なくその道を進んでいますが、「物」の中では、未だに手づくりの物が多い世界であり、昔ながらの製作工程、製作方法に拘る率も高いと思います。手作業でないとできない工程、手作業でないと出せない味わいがあるから、温かみがあり、料理を美味しく見せることが出来るのでしょう。本章でも、テーブルウェアの中心である、陶磁器の製作工程に絞って紹介します。

陶磁器の4つの製造クラス

（安・多 ↑ 高・少）

① **産地物**　各地の産業として大量生産をしているものです。窯といっても工場的であり、オートメーション（一部は手作業）で製作します。鋳込みや型押しが多く、価格は安くなります。

② **窯物**　産地の〇〇窯としての特徴を出しながら職人が手づくりで量産します。価格は中くらい。伝統工芸士、人間国宝はここから選ばれ、もちろん人間国宝の作は高くなります。

③ **企業物**　産地に拘らず、企業が企画製作しているものです。作家物から量産、工業品まで幅広く扱っています。価格は様々、各企業定めた基準によります。

④ **作家物**　よりこだわりのある作品として、個々のアーティスト性をだします。小ロット及び1点ものなので、価格は高いです。窯物を作る職人が、自分の個性を出す場として、作家活動を並行している場合も多くあります。

「麻の葉・麻葉（あさば）」　麻の葉に似ているのでこの名称になりました。単体より連続柄（麻の葉繋ぎ）で使われますが、「麻葉」と省略されるのが通常です。

9-1　製作の工程

　やきものが出来るまでには様々な工程があります。何処の国のやきもの製作でも、ほぼ同じ工程を経ます。陶器、磁器、炻器（せっき）そして土器も、殆んど途中までは同じ工程を経て進みますが、その後、技法（装飾）の種類によって工程数が違ってきます。個々の窯の作風や地域性により、製作方法や工程に多少の違いがあります。ここでは基本的、伝統的なものを紹介します。

　この基本的な製作の工程は、人類がやきものを作りだした数千年前から殆んど変化がありません。技術（窯や轆轤（ろくろ）の発達）の進歩はもちろんあり、電気やガスその他現代の技術力を使うようになっても、製作方法の選択肢が増えただけで、基本的な製作工程に変わりはありません。従来（昔ながら）の製作法を頑（かたく）なに守っている産地や、新技術の製作法と、昔ながらの伝統の製作法の両方で器を製作している窯も多くあります。つくづく先人達の能力の凄さを思い知りますね。

9-2　土のはなし

　土はどこにでもあるものですが、全ての土が「やきもの」に使える訳ではありません。ボロボロの土は成形する時に形にならず、石がゴロゴロ入っている土も取り除く手間がかかりすぎます。粘土質（土を軽く握って握った形が崩れないもの）でなくてはならず、その粘土をそのまま焼いても、しっかりした「やきもの」にはなりません。先人の陶工達は、地域の土をつぶさに調べ歩き、「やきもの」に適した粘土を探しあて、更に手を加えて、「やきもの」になる土作りの方法を探し出しました。

「網・網目」　漁の網をモチーフに。春夏の柄ですが、魚や蟹が描かれたものは、縁起がいいとされて正月にも使用します。

基本的な製作の流れ

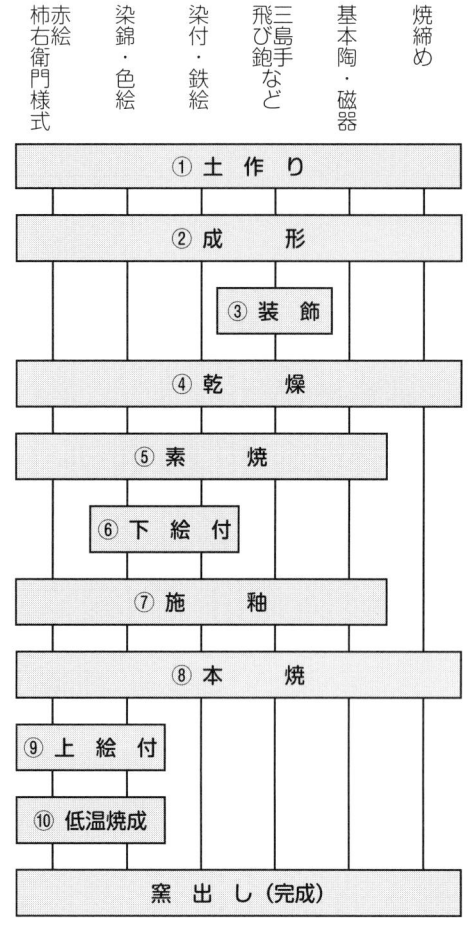

工程	焼締め	基本陶・磁器	三島・飛び鉋など	染付・鉄絵	染錦・色絵	赤絵・柿右衛門様式
① 土作り	●	●	●	●	●	●
② 成形	●	●	●	●	●	●
③ 装飾			●			
④ 乾燥	●	●	●	●	●	●
⑤ 素焼		●	●	●	●	●
⑥ 下絵付				●	●	
⑦ 施釉		●	●	●	●	●
⑧ 本焼	●	●	●	●	●	●
⑨ 上絵付					●	●
⑩ 低温焼成					●	●
窯出し（完成）	●	●	●	●	●	●

できあがり！

①土作り
採取した土をきれいにし、寝かし、性質を一定にする作業です。（p134参照）

②成形
土を器の形にしていきます。成形法は様々です。

③装飾
成形した器に装飾を施します。急須の取手や口作りもこの段階で行ないます。

④乾燥
天日でゆっくり乾燥させます。土は乾燥する時に縮むので、急速な乾燥はヒビや歪みがでてしまいます。

⑤素焼
本焼の前に低温で焼きます。残っている水分を完全に蒸発させます。

⑥下絵付
本焼の高温に耐えられる絵の具（釉）で絵柄や文様を描きます。

⑦施釉
釉薬を掛けたり浸したりして、素地の表面を覆います。（焼締めでも施す事があります）

⑧本焼
いよいよ高温で焼きます。「酸化炎焼成」と「還元炎焼成」を駆使して、釉薬や土の色を化学変化させます。「火入れ」「窯出し」は窯元がとても緊張する瞬間です。

⑨上絵付
上絵は低温で焼き付ける為、色数も多く、朱、金、銀も使え、器を華やかに装飾します。

⑩低温焼成
上絵窯に入れ、上絵を焼き付けます。

※土器は素焼後に、絵の具で絵柄を描いたり（彩色土器）、表面を磨いたり（研磨土器）などの装飾をする場合もありますが、殆んど素焼きのところでおしまいです。炻器は乾燥後直接高温でじっくり何日もかけて本焼します。陶器、磁器は土が違うだけで、ほぼ同じ工程で作られます。

「市松」「石畳文様」とも。2色を升目に交互に配した格子柄です。江戸時代の歌舞伎役者、佐野川市松が着たこの柄の衣装が話題になり、それから「市松」と呼ばれるようになりました。

やきものを作るための土は、どこにでもある土ではなく、手間のかかった、作られた土なのです。

　各地域それぞれ土の性質が違います。地層や含有物の成分の少しの違いでも、出来上がりの状態や特徴が違ってきます。その土地土地の土の特徴に一番合う方法で焼いたもの、それが窯（産地）の特徴となり、現在まで変わらず守られ、焼き続けられている伝統工芸品になります。

　その他、作家物や工業品（企業製品）は、作りたい作品のイメージや商品に一番よいと思う土をブレンドして作品や商品を製作する事も多々あります。土作りの工程は変わりませんが、土をブレンドして新たな土を作り個性に変えていきます。

> 「窯」の2つの意味
> ①個人の工房または一組織（会社など）の陶器工場の事を、屋号を付けて「〇〇窯」と言います。よく耳にする「窯元」の事です。
> ②やきものの里（益子焼、有田焼、備前焼など）のような地域の窯業(ようぎょう)産業の事をいう時に使います。窯業、窯場の略。産地のことです。

　やきものを作る土には色々ありますが、「珪酸」という成分が含まれている点が特徴です。珪酸は地殻の約6割を占め、土石の最大要素です。熱を加えるとガラス質に変化します。この珪酸が豊富に含まれている土が、磁器をつくる「磁土」です。（磁土は磁石という石（岩）を砕いて土状にしたものです）　磁器のツルっとした滑らかさや、うっすら光が透けてみえるのも、水を通さないのも、この豊富な珪酸が溶け出しているからです。磁土の白い色とガラス質が滑らかな磁器を作り出します。

　珪酸の少ない陶土は、光も通さず、ガラス質が土と土の隙間を塞ぎきらないので、その隙間に水を含んでしまいます。そのために、陶器はガ

「渦・渦巻」　渦巻は、うず潮など水の流れをモチーフにしているので、染付（藍色）の場合は夏の模様です。

土づくりのこうてい

1. さいは
2. かんそう
3. くだく
4. すいひ
5. 水ぬき
6. 荒ねり
7. ねかす
8. 土練り
9. でき上がり♡

1. 採土
粘土を採取します。

2. 乾燥
大きなゴミや石を取り除いて、よく乾燥させます。

3. 砕く
細かく砕きます。唐臼という、水車を利用した石臼で砕く方法もあります。

4. 水簸
土漉しとも言います。細かい粘土を取り出す方法です。

5. 水抜き
水を静止させ、粘土分を沈殿させ、上澄みの水を捨てます。

6. 荒練
土踏みともいいます。足りない性質を補う粘土を踏んであわせます。実際は土踏台という板の上でやります。

7. 寝かす
土中のバクテリアの発酵により、粘りのある土ができます。寝かせるほどいい土になります。10年も寝かせることもあります。

8. 土練り
菊練りともいい、成形前に、土の成分を均一にしたり、土中の空気を抜いたりするために、よく練る工程です。この工程は現在でも機械ではできません。

「梅文」 通常は1〜2月に使いますが、「濃(だみ)梅」「梅尽し」は通年使えます。
「梅鉢」「捻梅」「八重梅」「星梅鉢」「裏梅」など、数々の図案があります。

ラス質の釉薬をかけて（施釉）表面をコーティングします。同じ陶土から出来ている炻器(せっき)は、ガラス質が多く含まれている粒子の細かい陶土を使います。土の粒子が溶けたガラス質と混ざり、高温で長時間焼く事で、金属のように堅く焼き締まります。土なので、光は通さず水も含みません。陶器、炻器に使う陶土の色は様々で、含まれる鉄分や銅などの鉱物の種類で、器自体の色の違いが出ます。

　土はそのままでは使えません。中に混ざっているゴミや石などを取り除いたり、寝かせてバクテリアを育てて粘り強い状態を作ったりと、土作りが器作りの最初の重要な行程になります。図を参照してくださいね。

9-3　形作り（成形）のはなし

　土作りが終ると、次はどのような器の形にするかという、工程「成形」に入ります。洋食器の場合は、テーブルセッティングでよく見られるような、同じデザインの「大・中・小」というセットのものが多いのですが、和食器の場合は、個々の器に料理を1品づつ盛るという形式で発展してきました。形に特別な決まりはなく、作者のインスピレーションで自由に作ることができるので、和食器は陶器も磁器も形は無限にあると言っても過言ではありません。洋食器の磁器は、「型作り」が殆んどを占めています。陶器は和食器のように自由に作られます。

轆轤作り

「雲錦（うんきん）」「吉野山の桜は雲かとぞ見え、竜田川の紅葉は錦の如し」の歌から、桜と紅葉を一緒に描いた京焼の意匠。春と秋を一緒に描いてあり、四季を通して楽しめます。「桜楓文（おうふうもん）」も同じ嗜好です。

代表的な成形法

■ **手捻り**

手捏ねともいいます。土を粘土細工のように手で自由な形に成形します。この成形方法だと同じものは2つとない器が出来上がります。陶芸教室では、だいたい最初にこの方法からはじまります。

■ **轆轤作り**

円形、球形のものを作る場合の成形法です。陶芸家と言えば、轆轤を回しているイメージがありますね。同じ形の器を速く沢山作ることができます。

■ **タタラ作り**

板作りともいいます。粘土を「タタラ」という板状にして、貼り合わせたり、折り曲げたりして成形します。角のあるものや円柱形のものに用いられる成形法です。

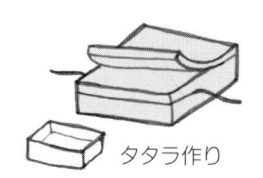

■ **紐作り**

土を紐状にし、巻き上げたり、積み上げ（輪積み）て成形します。縄文式土器はこの方法で作られています。大きいものを作る時にも用いられますが高い技術を要します。

■ **叩き作り**

紐作りから、内側に板をあて、外側から叩き板で叩いて土を締めながら形を整えていきます。

■ **鋳込み**

大量生産や形が複雑なものを作る時に多く用いられる方法です。型に

「了霞（えがね）」「了雲（えくも）」とも言います。平安時代の絵巻物に頻繁に見られる、霞（雲）の図案化です。雲は吉祥ではなく「吉祥の気配」と位置付けされています。何かいいことありそうな感じ。というものです。

泥状の土（泥漿（でいしょう））を流し込み、必要な厚さに外側から固まると、余分な泥漿を捨て、更に固まったところで型から外します。

■ 型押し

「型作り」とも言います。型に粘土をかぶせ、上からプレスする方法です。磁器の洋食器は、大部分がこの方法で均一に作られます。

9-4　装飾のはなし

成形された器は、完全に乾燥させる前に、まず高台を削り出します。その後、削る彫るなど、この状態の時にしかできない装飾をします。そのタイミングは、成形直後に施すもの、生乾きの状態で施すもの、1～2日たって少し固くなった状態で施すものと色々です。

代表的な装飾技法

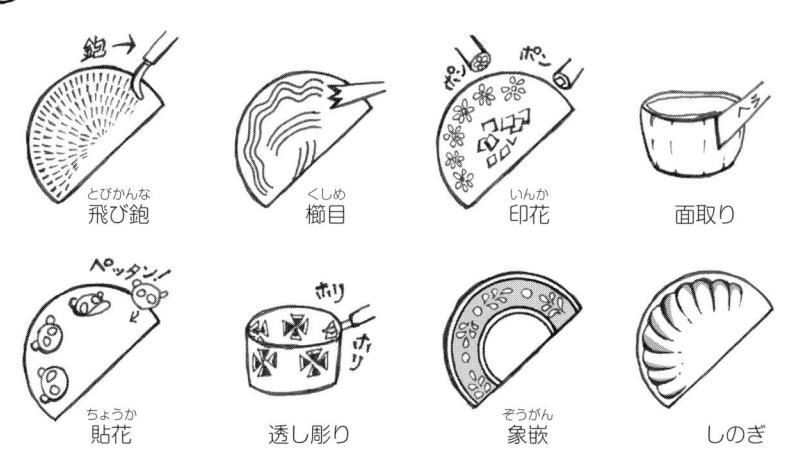

- 飛び鉋（とびかんな）
- 櫛目（くしめ）
- 印花（いんか）
- 面取り
- 貼花（ちょうか）
- 透し彫り
- 象嵌（ぞうがん）
- しのぎ

※その他、柄を立体的に見せる、陽刻、陰刻もよく使われる装飾技法です。

「桜文（おうもん・さくらもん）」　桜は日本の花の代名詞。「吉野山」「桜散し」「花筏（はないかだ）」…と様々な意匠があります。桜の季節に限らず、「竜田川」「桜楓文」「吹き寄せ」など通年使えるデザインも多数あります。

9-5　釉薬（ゆうやく・うわぐすり）のはなし

　釉薬の役割は、素地（一つの工程の前の段階で出来上がっているもの。この場合は、施釉の前の素焼きの状態か、下絵付をした器の状態です。）の表面をガラス質の膜で覆い、耐水性と強度とデザイン、装飾性を持たせる事です。また、器の表面を滑らかにする働きもあります。素焼きの後に釉薬をくぐらせてから本焼きにはいります。この工程を「施釉」といい、「釉薬をかける」というような表現の仕方をします。「釉」の一文字で「うわぐすり」「くすり」とも読みます。

　釉薬は長石や珪石などをベースに、様々な金属、灰、土、顔料などを調合して作ります。ガラス質になる成分、溶ける温度を調整する成分、色をつける成分を調合させて作られます。釉薬の掛け方は、単色の釉薬のみを使う場合もありますが、複数を重ね掛けして、色の調和や偶然の色の混ざりを作り出したりもします。釉薬はどれも混ぜ合わせて液体状になっています。殆んどが泥の色のようでその違いが判りませんが、高温で焼かれると成分の色が現れてきます。

　金属質の釉薬は、酸化炎焼成または還元炎焼成法によって色を変えることができます。「酸化炎焼成（完全燃焼　酸素が多い炎）」の場合は、鉄は「黄」「赤」、銅は「緑」「光黒」になります。「還元炎焼成（不完全燃焼　酸素が少ない炎）」の場合は、鉄は「青灰色」「茶」「黒」、銅は「赤」「紫」になります。その他、マンガン、コバルト、クロム、ニッケルなどいろいろな金属を使い、酸化や還元の作用で色の変化を作りだします。金属の他には、植物の灰、顔料などを使い色を作ります。陶芸家は作品を作り出すために、釉薬の成分の調合、焼き方、温度などを細かく変化させ、

「籠目（かごめ）」　竹で編んだ籠の目をモチーフにしています。花と組み合わされているものもあります。

試し焼きを繰り返して、独自のデーターを取っていきます。このように、「やきもの」には化学の要素が沢山含まれています。

一般的な釉薬

■灰釉（かいゆう・はいゆう）

木や草を焼いた灰で作った、日本で発達したとてもポピュラーな釉薬です。焼成する時、燃料の薪や藁の灰が器面に降り注ぎ、高温で溶けて「自然釉」という状態になります。この自然釉を発見した事により、灰釉や次出の「ビードロ釉」などの木灰釉（きばいゆう）が出来ました。

■ビードロ釉

灰釉と同じ木灰釉です。緑色のガラス質の釉薬です。透明のガラス状になった釉は、貫入（かんにゅう）（ヒビ）や溜まりなど美しい表情を見せます。信楽焼、伊賀焼の特徴でもあります。

■織部釉（おりべゆう）

濃い緑（酸化炎で焼いた銅）の釉薬です。利休の弟子であり武将茶人の古田織部が好んだ意匠の器を「織部」と言います。その器に使われている緑の釉薬を「織部釉」といいます。

■呉須（ごす）

「青絵釉」（あおえゆう）とも言います。コバルトを使った釉薬で、染付（そめつけ）に用います。

■志野釉（しのゆう）

室町時代にできた日本初の白い釉薬です。長石（ガラス質）の分量が多く白色のガラス質になり、発泡や貫入（ヒビ）が入り味わいを出しています。

「花鳥（かちょう）」花と鳥を描いて平和、穏やかさを表しています。色絵付の代表的なモチーフです。

■ 鉄釉（てつゆう）

鉄を含む釉の総称です。青、黄、黒、銀黒と含有量や、焼成法によって色が様々に違います。

その他、飴釉・柿釉・トルコ釉（トルコ青釉）・青磁釉・黄瀬戸釉・伊羅保釉（いらぼ）・海鼠釉（なまこ）・交趾釉（こうち）・蕎麦釉・金茶釉・瀬戸黒（せとぐろ）、天目釉（てんもく）など、一般的なものだけでも沢山あります。

基本的な施釉法と釉を使った装飾技法の抜粋

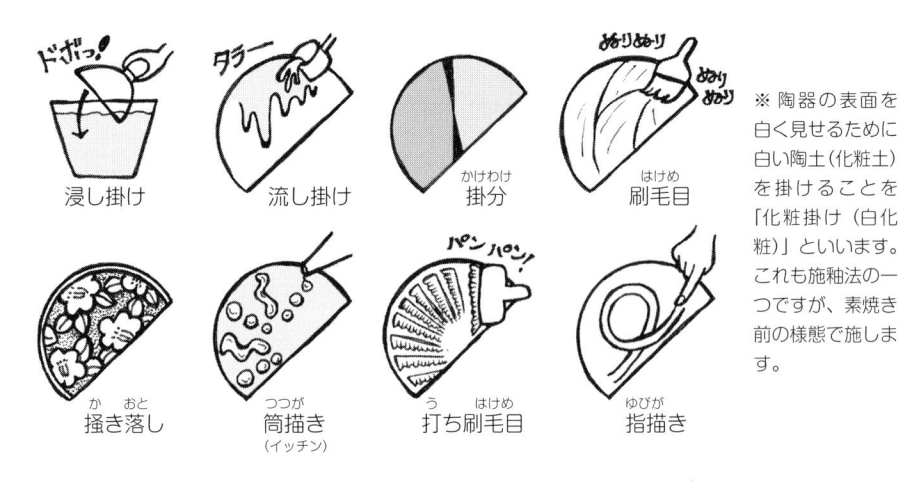

- 浸し掛け
- 流し掛け
- 掛分（かけわけ）
- 刷毛目（はけめ）
- 掻き落し（かきおとし）
- 筒描き（つつがき）（イッチン）
- 打ち刷毛目（うちはけめ）
- 指描き（ゆびがき）

※ 陶器の表面を白く見せるために白い陶土（化粧土）を掛けることを「化粧掛け（白化粧）」といいます。これも施釉法の一つですが、素焼き前の様態で施します。

施釉は、素焼きの状態の素地に、液体をかけたり、浸したりするので、素早く施さなければ、水分を吸った素地はもろく崩れてしまいます。さまざまな施釉法がありますが、短時間で施しながら、表情を作っていかなくてはいけない、一発勝負の技術とセンスのいる工程です。

「唐草（からくさ）」 蔓草が絡み合う様のモチーフは、生命力、再生を表しており、仏教と共に日本に来ました。全世界に見られるパターンです。種類は無数にあります。

9-6　絵付(えつけ)のはなし

「やきもの」の表面に絵や文様を描くことを「絵付」「絵付け」といいます。「手描き」と言われる、筆で描かれた緻密な柄、繊細な絵、大胆で奔放な筆運びのもの、筆以外の道具を使ったもの、プリント（転写）のものと無限のデザインがあります。釉薬の下に描かれたものを「下絵付(したえつけ)」、表面に描かれたものを「上絵付(うわえつけ)」といいます。

■下絵付（アンダーグレイス）

施釉する前の素地に、直接絵や柄を描くことをいい、その絵のことを「下絵」といいます。絵付後に、透明釉を掛けて本焼に入りますが、「下絵」とは、透明のガラス質の表面の「下に来る絵」という意味です。陶器（土もの）では、素焼きされた素地のザラザラした表面に直接絵を描く為、細かな筆使いをするのは難しく、ラフで大胆なものが多くなっています。使われる絵の具は、本焼き時の高温にも耐えられる絵具（下絵具(したえのぐ)）を使うので、上絵付けよりも使用できる色の数は限られています。主な下絵は、鉄を多く含む黒や茶の「鉄絵(てつえ)」「錆絵(さびえ)」、銅を含む赤い「釉裏紅(ゆうりこう)」、青い絵付「染付」「呉須」です。この「染付」は、中国では「青華(せいか)」、英語では「ブルー＆ホワイト」といい、マイセン窯の「ブルーオニオン」、ロイヤル・コペンハーゲンの「イヤープレート」「ブルーフルーテット」もこの手法です。下絵付の器は、釉薬の下に絵付けされていることから、使い込んでも絵のかすれが少なく、扱いやすいものです。また最近は、下絵具の色数が多くなり、従来の下絵付よりデザインの幅が広がりました。

「唐子（からこ）」中国の子供を描いた図で、長崎三川内焼（みかわちやき）の代表文様。唐子の人数に意味があり、7人は献上品、5人は平戸藩御用、3人は一般用です。

■ **上絵付（オーバーグレイス）**

　陶磁器の本焼き後に施す絵付けのことで、手描きと転写（プリント）の両方（もしくは混合）があります。チャイナペインティングは、この上絵付けのことを言います。700℃〜800℃の低温で器に焼き付けるので、使える色数は多く、金や銀も使えます。多彩色にする場合は、高温発色の絵の具から低温発色の絵の具まで順に何度も焼付けを繰り返します。上絵付専用の上絵窯（錦窯）を使って焼き付けると、鮮やかな色に発色します。色を多彩に使用した手法の呼び方は、赤（べんがらを使用）を主体にした上絵付は「赤絵」、金彩が加わったものを「金襴手」、下絵付の染付に色絵が施されたものは「染錦」といいます。そのすべてを

```
コラム 9　ウエッジウッド社が始めた新商法
```

　ウエッジウッド社の創立者ジョサイア・ウエッジウッドは、自社の製品を世界に売り出すべく、1771年にドイツの貴族、上流階級の1000人に、ウエッジウッドの商品に1枚の手紙と請求書を付けて、勝手に送りつけました。手紙には「選ばれた特別なあなたに…」という出だしと商品の宣伝文句が書かれていました。会社にとってはリスキーな賭けでしたが、送られた貴族たちは、優越感と商品の素晴らしさから、大多数がこの「押し付け販売」の商品を購入しました。

　また自社の商品のすべてに、社名を焼成前の素地に押印し、自社製品の偽物の出回りをふせぐと共に、社名を宣伝していきました。1774年には、ロンドンの目抜き通りにショールームを作りました。ショールームは宣伝におおいに役立ち、マーケティングでも大成功を収めました。更に、遠い土地にも商品を宣伝するために、商品カタログを、フランス語版、オランダ語版、ドイツ語版で作り、ヨーロッパ中の貴婦人たちの購買欲を満足させました。このカタログ販売によって、受注生産ができ、在庫を持たずに効率よく生産ができるようになり、ロスの少ない経営で、資金的にも大成功を収めました。現在のあらゆるメーカー各社が行っている企画販売の基礎は、ウエッジウッドから始まっているのです。

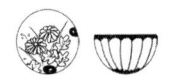

「菊割り」　菊の花びらをパターン化したもの。見込みに菊や菊割り（右）は季節を選びません。菊の花そのものは、秋の絵柄です。

総称して、「色絵(いろえ)」といいます。この伝統的な色絵の主な色は、赤、青、黄、緑、紫の5色で、これを「五彩(ごさい)」といい、中国では色絵の事を「五彩」といいます。(古伊万里では「錦手」とも呼ばれています。)

9-7　窯のはなし

　窯は、土器の時代、穴を掘って窪みに草や小枝や葉を入れて、その上に器を置いて焼いた「野焼き」から、穴窯、連房式登り窯(れんぼうしき)へと技術が進歩してきました。窯には、基本である「登り窯」「穴窯」などの昔からの薪を燃料とするものと、電気や、ガス、重油、灯油を燃料にした窯があります。現在は殆んどは後者を利用していますが、焼き上がりの偶然性や独特の風合いや深みが出るために、昔ながらの登り窯、穴窯に拘(こだわ)って作陶する窯や作家も多くいます。また、多くの窯(産地)や窯元では、日々の量産は重油や電気の窯を使い、年に1～2回登り窯や穴窯を使用する。というのが一般的になっています。

　上絵付けを施す場合は、専用の上絵窯「錦窯」という小振りな窯を用います。現在は電気やガスを燃料とした上絵窯で、温度を設定調節して焼く窯元が多いですが、本来は薪を燃料とし、上絵付けに薪の灰が付かないように2重構造になっている窯です。(電気窯、ガス窯は、灰が降ることもないので1重の窯です)素焼きに使う事もあります。

■穴窯

　古墳時代末頃、朝鮮半島から伝わってきた窯方式です。山や丘の傾斜を利用して、トンネルを上に向けて掘り、火が上に向かう特徴を利用したものです。窯の内部の火の回りが一定ではないので、やきものの出来

「亀甲(きっこう)」とてもポピュラーな柄です。1つで「亀甲」、連続模様は「亀甲繋ぎ」。亀は吉祥なので、亀甲はおめでたい柄として、茶席、正月や慶事にも使います。

上がりにとてもムラがあります。その自然の表情に魅力を感じ、現在でも多くの作家がこだわりの作品を穴窯で作っています。

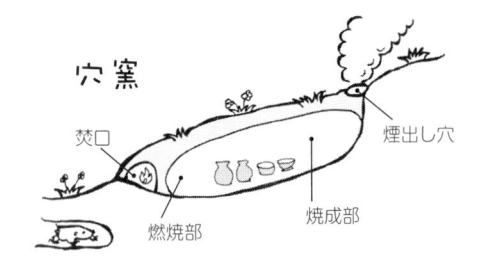

穴窯が地上式になり大型化したものを、「大窯(おおがま)」といいます。「大窯」は地上に出たことで「登り窯」になったわけですが、窯の内部には仕切りはありません。室町後期から江戸初期に、仕切り（焼成室）のある「連房式登り窯」が伝わるまで使われていました。桃山時代の茶陶は、大窯によって焼かれたものです。

■連房式登り窯

傾斜を付けた土地に、複数の焼成室のある窯を築いたものです。「やきもの戦争（1592〜1598）」で朝鮮から伝わった画期的な窯方式です。現在も各地で変わりなく使われています。この窯の特徴は、小さい焼成室がいくつもあるために、素地を積み上げる事ができ、一度に沢山焼く事ができます。部屋によって温度が違うため、色々な特徴のものが一度に焼けます。仕組みとしては、焼成室に炎と熱が、小さな狭間穴を通って勢い良く次の部屋へと移っていき、炎と熱は下から上へ、そして渦となってまた狭間穴を通り次の部屋へと徐々に移り、最後部にある煙突に向かっていきます。炎と熱と空気の流れの習性を使った、熱効率のよい合理的な仕組みです。

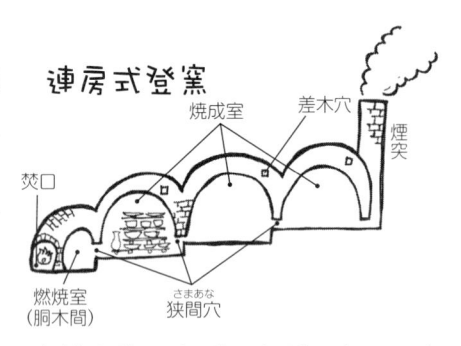

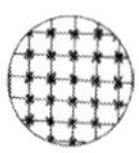

「格子」チェック柄です。縦と横の組み合わせですが様々なパターンがあります。イラストは「結び格子」。

テーブルコーディネートを知ろう

10

10-1　テーブルコーディネートとは

「テーブルコーディネート」「テーブルコーディネーション」は、読んで字のごとく、テーブルをコーディネートする、「食卓上の物を組み合わせる」ということです。私たちは毎日食事をします。ただ単に食事をするのは生活の営みですが、その食事をいかに「美味しく感じさせるか」「期待感をもたせるか」「快適な空間として提供できるか」という、「おもてなし」の演出を加えたものが、テーブルコーディネートです。それは、自分以外の人に対する「気持ち」でもありますが、まず、自分がいかに快適に楽しみながら食事をするか。というところから始まります。

「テーブルコーディネート」「テーブルコーディネーション」は日本で使われている言葉です。英語では「テーブルデコレーション」といい、「食卓を装飾（デコレート）する事」と考えられ、「テーブルを美しく飾ること＝演出をする事」になります。「テーブルを装飾する」というと、映画に出てくるような、ヨーロッパの貴族階級の会食シーンや、上流階級の食事シーンを思い浮かべると思います。テーブルのセンターを、花やフルーツ、キャンドルなどを交えたセンターピースで大きく飾り、豪華な食事と会話ともに時を過ごす。というイメージです。

日本にテーブルコーディネートという言葉が生まれ、食卓を飾る意識が一般に広がってきたのは、ここ20年〜30年位の事です。もちろんそれ以前から、ヨーロッパ（欧米）的に食卓を装飾してきた人たちは大勢いました。そういう人たちが中心になり、「お客様をお招きする、〇〇スタイルの我が家のおもてなし」というようなテーマで、テーブル

「駒筋・独楽筋（こますじ）」ボーダー（横縞）ですが、独楽の回り続ける様に見立てています。「回り続ける」「回転がいい」などとして、商売繁盛や立身出世の縁起のいい柄とされています。決して横縞と言ってはいけません。

コーディネートを紹介し広めてきました。その内容の多くは、豪華なテーブルウェアを美しくセッティング、コーディネートし、食空間から生活全般を、欧米スタイルに演出するというものでした。丁度日本の経済が急成長し、ジャパンマネーが世界を席巻していた頃のことです。

その頃の日本では、高級ブランド食器が当たり前に家庭にあり、海外旅行も身近になり、欧米の美意識を生活スタイルに取り入れたい。という願望が実現できる状況にありました。また、伝統的な日本のスタイルが、新しい感覚で表現され、和洋のスタイルを自在に取り入れられる人々も増えていました。テーブルコーディネートを実践して、お友達を招待するホームパーティーが増えてきたのもこの頃です。

1993年より毎年2月に、「テーブルウェアフェスティバル」というイベントが、東京ドームで開催されるようになります。世界の器の逸品、日本の伝統工芸が紹介され、器のコンテストが設けられ、テーブルウェア業界の活性化につながりました。このイベントでは、日本を含む世界のセレブリティのテーブルコーディネートが紹介され、さらに一般参加による「テーブルコーディネートコンテスト」も開催されています。

このイベントが、現在の日本のテーブルコーディネートの世界を牽引していると言ってもいいでしょう。このコンテストで、「ワンランク上の食卓」が盛んに表現される一方、バブル崩壊後、景気低迷が続くようになると、家で食事をする「内飯(うちめし)」という言葉が流行するようになりました。家庭料理の料理本が多く出版されるようになり、テレビでも料理関係の番組が増えてきます。そこには、おしゃれな器に盛られた「自分でも作れそうな家庭料理」が並んでいます。そういった雑誌を初めとした料理の本などから、雑貨感覚での器が身近になり、若い世代のライフ

「山水(さんすい)」 山水画をモチーフにした文様。中でも、蓬莱山(ほうらいさん)は不老不死の仙人の住む場所として吉祥文です。

スタイルの中に、「好きな食器で、食卓を自分らしく自分の為に演出する」という意識が広がってきました。この意識も、テーブルコーディネートには、とても重要な要素になっています。

　テーブルコーディネートは少しも難しいものではありません。ある程度の基本やルール、タブーといったものも存在しますが、それを踏まえて自由に楽しく自分を表現すればいいと思います。

コラム10　テーブルセッティングのルーツ

　古代ローマの上流階級の美食家たちは、食事用の長椅子（レクトゥス）に寝そべり、踊りや音楽を楽しみながら、真ん中に置かれた丸テーブルの上の料理を楽しんでいました。中世になると、長い戦いで殺伐とした世の中を反映した荒れた食卓の他に、王侯貴族たちの食卓は、手食ながら優雅で豪華なものでした。乾杯の儀式をはじめ、料理のコースもほぼ確立していました。

　ルイ14世時代の近世は、バロック様式、ロココ様式の宮廷文化が花開いた時代です。ビュフェ形式も生まれ、テーブルにはセンターピースに豪華な演出をし、富の象徴である砂糖をふんだんに使ったお菓子が発達しました。豪華な装飾の器やカトラリーと料理が美しく並べられ、ナプキンの飾り折り（ナプキンフィールド）も行われて、食卓は煌びやかに大がかりにコーディネートされていました。

　フランス革命後（近代）、ナポレオン3世の時代には、お料理を1品1品サーブする「ロシア式サービス」が主流になりました。これにより、器やカトラリーの種類がさらに増え、現在のフォーマルセッティングの原型が出来上がりました。

「七宝（しっぽう）」　同じ大きさの輪が4分の1づつ重なっています。輪が円満に通じて吉祥文様です。
七宝とは仏教の経典に書かれている7つの宝のこと。連続したものは「七宝繋ぎ」といいます。

10-2　基本的なテーブルセッティング

　ワンランク上の演出でも、自分の為の肩をはらない演出でも、基本はテーブルセッティング（食器を並べる）にあり、テーブルセッティングの決まりに則った上で、自由な発想で演出が始まるのがテーブルコーディネートです。テーブルセッティングとは、食事をする上での効率を考えられたテーブルウェアの配置（並べ方）です。快適な食を演出する為には、テーブルセッティングの基本は抑えることが必要です。また、テーブルセッティングは、テーブルマナーに繋がっています。テーブルセッティングを理解していれば、急なディナーの招待にも慌てずにすみます。この場合のテーブルセッティングというと、フランス料理のフォーマルセッティングを基本として考えますが、日本人として当たり前の「和食の配膳」もセッティングの一つとして考えます。

■基本的なフォーマルセッティングのちがい

　基本的なフォーマルセッティングには、「イギリス式」「フランス式」「アメリカ式」「イタリア式」「日本式」と色々あります。テーブルウェアの配置の仕方や、使用する器の特徴がそれぞれ若干違い、各国のイメージや国民性がとてもよく表れています。日本は明治以降、法律から文化まで、イギリスを手本にしてきましたので、最上級のフォーマルな会食では、「イギリス式」を多く採用しています。「日本式」は、「イギリス式」を基本に、「フランス式」のエッセンスを交えた、折衷セッティングになっています。現在、結婚式などでは、この「日本式セッティング」が多く採用されています。

「松竹梅」　吉祥柄の代表です。「松」は寒さに耐え、「竹」は緑を保ち真直ぐ伸び、「梅」は花を咲かせ香りを放つ、という意味です。

🇬🇧 イギリス式セッティングの特徴

- クラッシックできっちりしたセッティングです。直線的な並びになっています。縦横をしっかりと合わせましょう。
- グラスはディナーナイフの上にゴブレットを置き、外に向かって直線上に並べます。飲み物の種類が増えるごとに横に広がっていきます。シャンパングラスは、フルート型はゴブレットの左に、クープ型は右に置きます。
- カトラリーは、位置皿を中心に外に向かって並行に並べます。置き方の向きは、カトラリーの表を上にして置きます。
- ナプキンは、あまり複雑にはせず、シンプルな折り方に留めます。

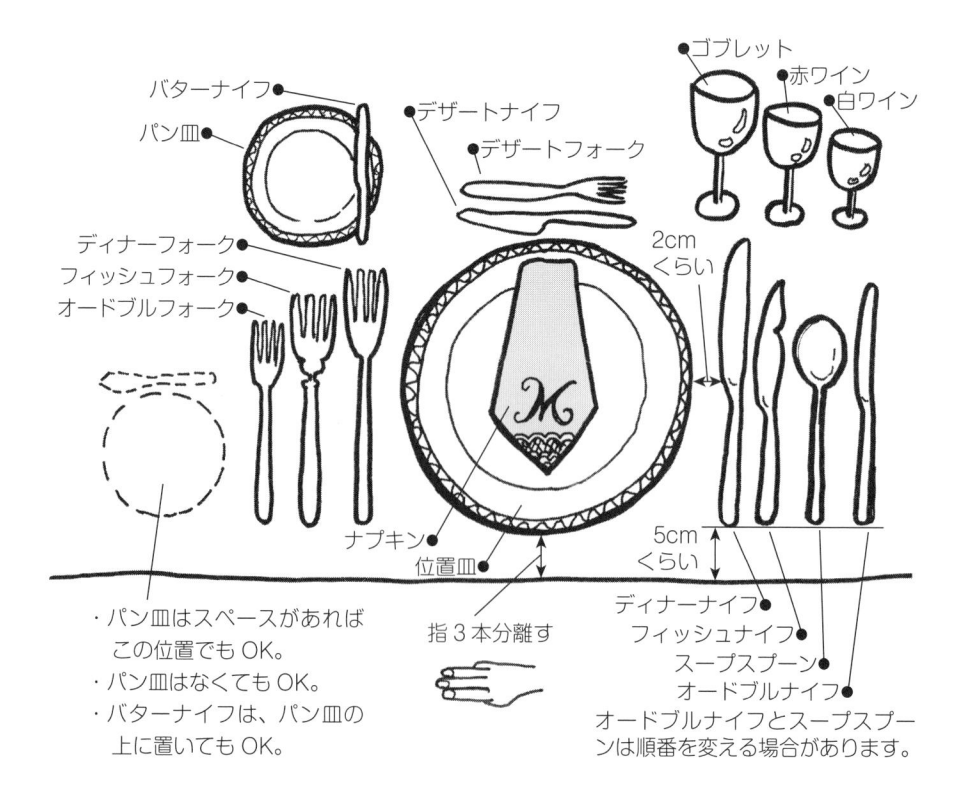

図の説明:
- ゴブレット
- 赤ワイン
- 白ワイン
- バターナイフ
- パン皿
- デザートナイフ
- デザートフォーク
- ディナーフォーク
- フィッシュフォーク
- オードブルフォーク
- ナプキン
- 位置皿
- ディナーナイフ
- フィッシュナイフ
- スープスプーン
- オードブルナイフ
- 2cmくらい
- 5cmくらい
- 指3本分離す

オードブルナイフとスープスプーンは順番を変える場合があります。

- パン皿はスペースがあればこの位置でも OK。
- パン皿はなくても OK。
- バターナイフは、パン皿の上に置いても OK。

「祥瑞（しょんずい）」 祥瑞とは「めでたい事の起る前兆」という意味で、もちろん吉祥文です。器いっぱいに幾つかの柄が描かれています。イラストは「捻り祥瑞」といいます。

🇫🇷 フランス式セッティング

- 優雅でエレガントなセッティングです。曲線的なイメージで華やかさがあります。
- グラスは三角に置きます。ワインの数が多い程正式な会食になるので、グラスの数をふやす事ができるようになっています。シャンパングラスは、フルート型は左、クープ型は右に置きます。
- カトラリーは、外側に向かって少しずつ上側にずらしていき、位置皿を中心に「V」になるようにします。フランスのカトラリーは、裏に美しい装飾が施されてるので、裏に伏せて置きます。
- パン皿は正式な席では置かない事が多いのですが、置く場合は左側のカトラリー横に置きます。スペースが無い場合は左上に置きます。
- ナプキンは正式なディナーでは、シンプルな折り方をしますが、それ以外は華やかな折り方で、フランスらしいエレガントさを表現します。

🇯🇵 日本式セッティング

- イギリス式を引用していますが、少しフランス式を加えた機能的なセッティングです。
- グラスは、ディナーナイフの上の位置から、右下方に斜めに置きます。
- ナプキンは、会食のイメージで、シンプルな折り方、華やかな折り方を使い分けます。

※ここにあげた各スタイルのセッティングは基本的なもので、その他にも色々な置き方があります。（ヨーロッパでは、王室をはじめ各名家に代々伝わるセッティングがあります）

「瑞雲（ずいうん）」 めでたい事の前兆に現われる5色の雲の形です。中華でもよく見ますね。「エ霞」と同じく『吉祥の気配』です。もうすぐいい事があるぞ。

■ センターピース

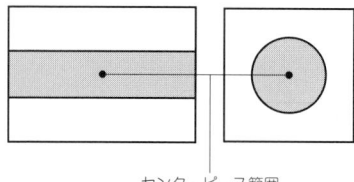

　テーブルの中心を飾る「センターピース」は、重要なセッティングの基本です。このスペースは、会食の参加者の共有部分です。会食のテーマをここで表現したり、話題作りになるトーキンググッズを配置したり、大皿料理などその場でサーブする料理をセットします。

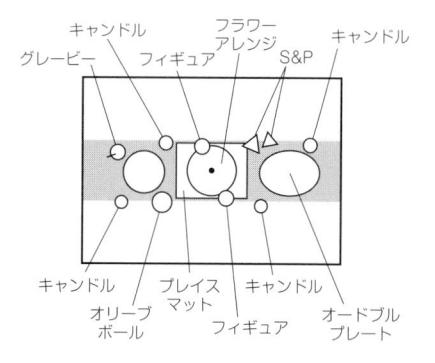

■ 和食の基本的な配膳

　日本は、基本的に箸のみを使い、器を手に持ち、器に口をつける事も良しとする（料理によります）、諸外国とは違った食事のマナーを持っています。また古来からの食卓形態は、テーブルと椅子ではなく、床（畳）に座り、銘々膳で供する。というものでした。そのため、本来の日本料理（和食）には、配膳（セッティング）はあっても、テーブルコーディネートという考え方には至りませんでした。現在は欧米と変わらない生活様式になり、テーブルコーディネートを楽しめるようになりましたが、どうしても欧米スタイルのものに偏りがちです。前出の「イギリス式」な

「青海波（せいがいは）」　波を円の重ねで表現した柄です。波は永遠に続くことから吉祥とされています。平安時代から使われている古い柄です。

どのセッティングで、和食を供するのも趣が変わり素敵ですが、食事の大半は和食であることを考えると、和のテーブルコーディネートとして、日本人にしかできない演出を楽しみたいものです。

日本の伝統的な料理形式には、「本膳料理」「懐石料理」「会席料理」があります。それぞれもてなし料理ですが、目的が違い、供され方も違います。ただし、決まり事（ルール）は、仏教の考え方からきているので、全てに共通しており、それは現在の食卓でのルールにもなっています。日本人として知っていて当たり前の事なので逆に見逃しがちですが、日本料理の形式の違いと共に学んでおきましょう。

本膳料理

日本料理の原型とされており、一番格式の高い料理です。奈良時代には基礎ができ、平安時代に貴族の饗応の膳として発達し、鎌倉時代には現在と殆んど変わらない本膳料理の形態ができました。数種類の料理が一の膳から五の膳と脚付きの膳で供されますが、現代では殆んどが三の膳ほどで終ります。一汁三菜、二汁五菜、三汁十一菜など料理が増えれば、膳の数も増えるシステムになっています。「飯」「汁」を重んじた「食事の膳」です。とても厳しい作法があり、格式を重んじ、儀礼的な位置付けがされています。現在では冠婚葬祭の席で、アレンジされて供されています。

懐石料理

茶事の流れの一つの行程です。濃茶を頂く前に空腹を抑える為の軽い食事です。鎌倉時代の禅僧の精進料理でしたが、千利休は茶道の一つの行程として「懐石料理」を作り出しました。禅僧が寒さと空腹をいやす

「蛸唐草（たこからくさ）」　唐草模様の一種。蛸の足のようなのでこう呼ばれていますが、蛸の足をモチーフにした訳ではなく、はるか紀元前のミケーネ文明から見られたようです。唐草の人気柄です。

ために、温めた石「温石(おんじゃく)」を懐(ふところ)にいれていた所から、禅僧の事を「懐石」といい、禅僧の料理なので、「懐石料理」という呼び名になりました。基本は本膳から来る一汁三菜で、本膳料理の贅沢さを取り除き、茶の湯の精神にのっとり、もてなしの真髄を形にした料理です。現在は「会席料理」と同様に扱われ、茶席の料理を「茶懐石」としています。「茶懐石」は茶道の流派によって作法があります。「懐石料理」は気軽に形式ばらずにいただけます。脚のない膳（折敷(おしき)）で供されます。

会席料理

本膳料理が「食事の膳」であるに対して、「会席料理」は酒の席の料理です。江戸時代、町民達は堅苦しい本膳料理を嫌い、作法を簡略化した酒宴に向く料理形式を作り出しました。「本膳料理」「懐石料理」が「飯」「汁」を始めに出すのに対して、「会席料理」では、はじめから盃が置かれており、「飯」「汁」は酒の〆(しめ)として、最後に香(こう)の物(もの)と共に供されます。二汁七菜が基本となり、本来は一品づつ出されますが、最近では一度に〆の前までが並べられる事もあります。料亭や旅館での食事を思い描いてください。

「本膳料理」「懐石料理」で一汁三菜という言葉が出てきましたが、これが現代の日本の食事の基本であり、配膳の基本になっています。「汁」は汁物（味噌汁、吸い物）、「菜」はおかずです。「主菜」（メインのおかず。通常は魚や肉や卵などのたんぱく質）、「副菜」（野菜や海藻のおかず。煮物など）、「副々菜」（小さなおかず。和え物やお浸しなど）になります。「ご飯」と「香の物（漬物)」（ある場合）は数に数えません。

「竜田川（たつたがわ）」 奈良を流れる竜田川は、紅葉の名所として在原業平が歌を詠み、その様を文様にした京焼の意匠。紅葉と流水の組み合わせ。秋の柄です。

和食の基本配膳

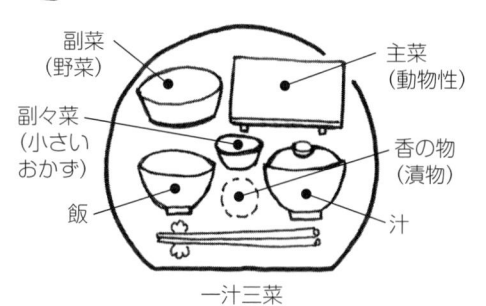

一汁三菜

- ごはんは左・汁物は右。
- 箸は左向き（右手で取りやすい。左利きの人も同じ）。
- 香の物と飯は数えない。
- 膳、折敷を使用しても、テーブルに直に置いてもいいです。
- 湯呑みは右奥、盃やグラスは右手前に置きます。

配置図の説明：
- 副菜（野菜）
- 副々菜（小さいおかず）
- 飯
- 主菜（動物性）
- 香の物（漬物）
- 汁

一汁一菜（脚付膳は使いません）：主菜、香の物、飯、汁

一汁二菜（脚付膳は使いません）：副菜、主菜、香の物、飯、汁

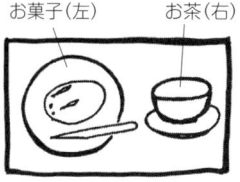

茶菓の配膳：お菓子（左）、お茶（右）

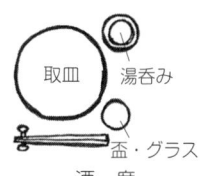

酒席（大皿料理の場合）：取皿、湯呑み、盃・グラス

本膳料理の配膳（三汁七菜）
（脚付膳を使います。器は黒の漆塗）

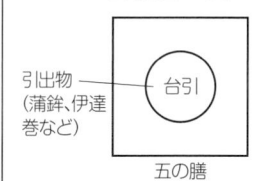

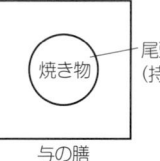

- 五の膳：台引、引出物（蒲鉾、伊達巻など）
- 与の膳：焼き物、尾頭付き（持ち帰りOK）
- 三の膳：小猪口、刺身、三の汁
- 一の膳（本膳）：坪、なます、香の物、飯、汁
- 二の膳：猪口、平、二の汁

■ 一の膳（本膳）
- 汁（一の汁）　みそ仕立て
- なます　　　酢〆の生魚・刺身
- 坪（つぼ）　煮物、蒸物。深小鉢に
- 飯　　　　　白飯
- 香の物　　　漬物

■ 二の膳
- 二の汁　　　すまし汁
- 平（ひら）　平蓋物碗に煮物
- 猪口（ちょく）　和え物、お浸し

■ 三の膳
- 三の汁　　　一と二と違う汁物
- 小猪口　　　揚げ物、お浸し
- 刺身

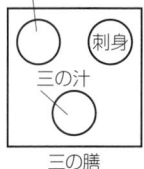

「立涌（たてわく・たちわき）」平安時代からの有職（ゆうそく）模様。水蒸気が湧き上がっていく様を表しています。うねうねの中に様々な模様が加えられることが多いです。菊立涌、雲立涌など

10-3　グラスウェアの使い方

　ガラス製品は、シルバーウェアと共に、輝きと透明感でテーブルをより一層華やかにしてくれるものです。特にテーブルセッティングにはかかせないグラス類は、最後にパーソナルセッティングを引き締める役割を担っています。また、すべての食器を同じデザインで統一するのがディナーのセッティングですが、同じデザインで統一できない場合は、ガラスの器や銀食器を交えると、新たなコーディネートが生まれます。グラスウェアは、人の眼をひきつける力があり、また透明な事で、食材や料理、その他の色を透かして、器以外の色味をテーブルに加えてくれます。

　フランスでは、より沢山の種類のワインを出すディナーがより正式である。と言われています。どこの国でも料理とワインはセットになって考えられており、ワイングラスは食事には必要不可欠なアイテムになっています。初めてワイングラスを購入する場合は、どんなコーディネートにも使える、シンプルなタイプを選ぶといいでしょう。赤・白ワイン用の２種類揃えられるといいですが、赤ワイン用のみで兼用する事も可能です。基本のタイプは６脚は揃えておきましょう。また、口縁が小さいと洗う時に不便です。扱い方も考えて購入しましょう。

「椿」　椿は「冬に春を告げる神の花」でもあります。椿の図案化されたモチーフは沢山あり、茶器から飯碗まであらゆる器に使われます。

10-4　カトラリーの種類

　一般的な日本の家庭で日常的に使用するカトラリーは、箸の他に、テーブルナイフ、テーブルフォーク、テーブルスプーン・デザートフォーク、コーヒー（ティー）スプーン、バターナイフ、レンゲなどがあります。その他には各家庭によって、レードルやケーキサーバー、チーズナイフなど様々なものが引き出しに存在すると思います。しかしまだまだカトラリーはこの他にも多数の種類があります。レストランでの食事、パーティーでのマナーとして、どのような種類があるかを知っておくと、いざという時に困りません。

コラム 11　フォークは嫌われ者でした

　カトリーヌ・ド・メディチがフォークを持ってきてからも、フォークが広まるには時間がかかりました。フォークはもともと「神に捧げる肉を刺すもの」として宗教的な儀式の道具でした。フォークはラテン語で「首かせ」「絞首台」という意味の「furca（フルカ）」からきており、悪魔が地獄に落ちた人間を貪り食うのに使った熊手「forca（フォルカ）」と似ていたことから人々に敬遠されました。また、食べ物を手以外のもので食べるという事が、神への冒涜（ぼうとく）と考えられおり、フォークを使う人を非難したり、手食をやめると「バチが当たるのでは」と恐怖を覚える人も多く、フォークが本当に一般的になったのは、18世紀中ごろになってからです。またベルサイユ宮殿を作った「太陽王ルイ14世（1638～1715）」は、生涯フォークを使わずに食事を手で食べていました。フォークが今の4本の歯になったのは、19世紀になってからです。

「十草（とくさ）」縦縞（ストライプ）を、植物の十草に見立ててこう呼びます。シンプルですが飽きのこない柄です。

カトラリー一覧

ここに挙げたものは個人で使用する基本的な種類のみです。この他にサービス用も含め沢山のカトラリーの種類があります。

① ディナースプーン
　（テーブルスプーン）
② デザートスプーン
③ フィッシュソーススプーン
④ コンソメスプーン
⑤ アイスクリームスプーン
⑥ ティースプーン
⑦ コーヒースプーン
⑧ デミタススプーン

⑨ ディナーナイフ（テーブルナイフ）
⑩ デザートナイフ（オードブルナイフ）
⑪ フィッシュナイフ
⑫ フルーツナイフ（コース用）
⑬ バターナイフ
⑭ バタースプレッダー

⑮ ディナーフォーク（テーブルフォーク）
⑯ フィッシュフォーク
⑰ デザートフォーク
⑱ サラダフォーク
⑲ ケーキフォーク
⑳ カクテルフォーク

※日本の家庭用のカトラリーでは、欧米のディナー用（ナイフ、フォーク、スプーン）のサイズが大きすぎて使いづらい場合があります。そんな時は、デザート用をディナー用として代用するとよいでしょう。

「捻り・捻文（ねじもん）」 直線を捻って絞ったような流れにした柄。「祥瑞文様」から発展しています。呉須（染付）の濃淡の捻文は夏らしい涼しげな意匠です。

テーブルを素敵に飾ろう

11

テーブルを素敵にする前に！

　テーブルコーディネートは、食事に必要な食器をセッティングし、季節、イベントなどのテーマのイメージを食卓に表現するということです。その食卓を飾るアイテムは、食器、グラス、カトラリーを除くと、テーブルリネン類や、センターピースを彩る、花、キャンドル、フィギュア、季節のオーナメントなどが考えられます。その時その時で、どれだけ自分のイメージに近い食卓にできるかは、これらをどう使い、どう演出するかで決まります。

11-1　テーブルリネンの使い方

■ テーブルクロス

　テーブルが傷つくのを防いだり、逆に器への衝撃を緩和する働きのあるテーブルクロスは、コーディネートカラーのベースになる大切なものです。テーブル本体をイメージごとに変える事はできませんが、テーブルクロスを変える事で、一つのテーブルで様々なシーンを演出することができます。

　テーブルクロスの大きさは様々です。テーブルに掛けた時のクロスの下がる長さは、フォーマルでは、50〜60 cmと少し長いめですが、通常の食卓では、20〜30 cm位が動作の邪魔にならない丁度よい長さです。両端の下がりは、春夏は少し短めに、秋冬は少し長めに、部屋が狭い場合は短め、広い場合は長め、と変化させると、部屋が広く見えたり、明るく感じたりします。

　テーブルクロスに、小振りのクロスを重ね掛けするとイメージが変わ

「萩」昔は萩が、日本の秋の花の代表でした。萩と月は代表的な組み合わせです。

ります。このサイズの違う、上に来るクロスの事を「トップクロス」といいます。トップクロスを使うと、通常のコーディネートに変化が付けられ、更にいろいろなコーディネートが楽しめます。

　テーブルクロスの下には、「アンダークロス」という布をセットします。これは、テーブルクロスが滑らないため、器の接触音を防ぐため、という効果があります。滑り止め用の素材も販売していますが、ネルやフェルト素材でも代用できます。大きさは、テーブルの天板の大きさか、それより少しだけ大きいものを選びましょう。

■テーブルランナー・テーブルセンター
　「テーブルランナー」はテーブルに掛ける、幅が狭く長い布の事です。「テーブルセンター」はテーブルの中央に置く布の事で、長細いもの以外に、円形、正方形、楕円などがあります。どちらも使用するとテーブルが引き締まり、上級テクニックに見えるアイテムです。センターピースの範囲を定めるにも便利です。

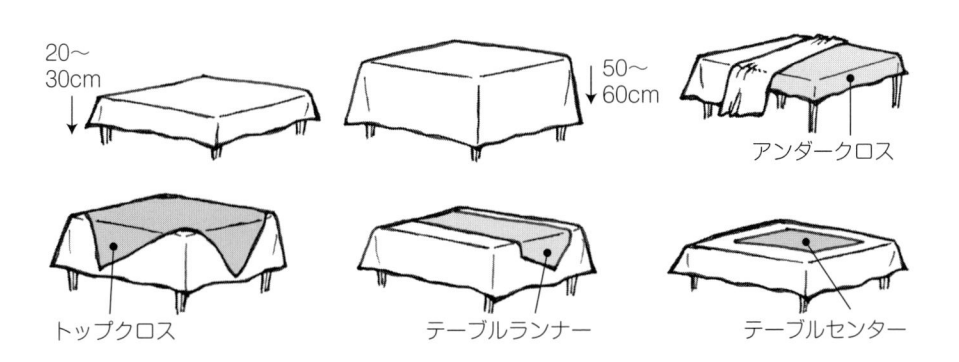

20〜30cm

50〜60cm

アンダークロス

トップクロス　　テーブルランナー　　テーブルセンター

「波文」　様々な情景の波が図案化されており、筆の勢いが命の柄です。前出の「青海波」は波文の代表格です。

■ **ナプキン**

　ナプキンは食事で汚れた口を拭く布であり、食事中に洋服を汚れから防ぐ布、ワインボトルの滴を拭うなど布巾として使用する布です。テーブルコーディネートの中では、食卓をまとめる重要なアイテムです。色々な形に折ったり（ナプキンフィールド）、ナプキンリングやリボンなどを用いて、様々なスタイルのコーディネートに使うことができます。色、柄、素材で、印象を変える事ができるとても便利なものです。

　レストランなどで、様々な形に折られたナプキンを目にすると思います。フォーマルシーンでは、シンプルな折り方が基本ですが、テーブルを華やかにするテクニックの一つです。これを「ナプキンフィールド」

ナプキンのたきさ

- **50 cm〜60 cm：フォーマル、ディナー用**
  二つに折って膝の上にのせると丁度いい大きさです。60 cm はよりフォーマルな大きさです。
- **40 cm〜45 cm：ランチ用**
  日本で販売されている一般的な大きさです。自宅でのディナーならこの大きさで充分です。
- **30cm〜35cm：ティータイム用**
  ビュッフェ式・英国式ティータイムで使用される大きさです。一般的なペーパーナプキンもこの大きさです。ハンカチを代用してもいいと思います。
- **20 cm〜25 cm：カクテル用**
  カクテルナプキンと呼ばれる大きさです。グラスを持つ時に滴が垂れない為に使います。小ぶりなティータイム用としても使うことができます。

「花唐草」　唐草模様に花のモチーフが組み合わさったもの。「菊唐草」「牡丹唐草」など特定の花以外は「花唐草」でOK。

と言います。家庭でのコーディネートでは、凝ったものは必要ないかもしれませんが、作りやすい形をいくつか覚えておくのもいいと思います。ナプキンの折り方に決まりはありません。自分なりのアイデアで、オリジナルの折り方を工夫するのも楽しいでしょう。

🐼 ナプキンの折り方（1）

①**8分折り**　フォーマルでも使える、基本の折り方です。通常「わ」は左です。

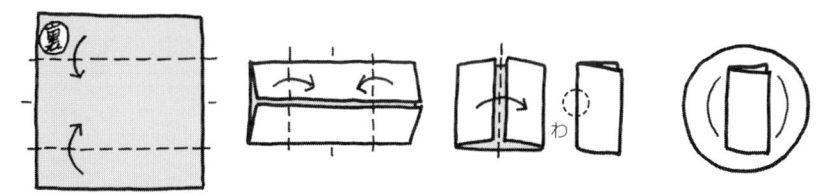

②**3×4折り**　フォーマルでも使える、基本の折り方です。

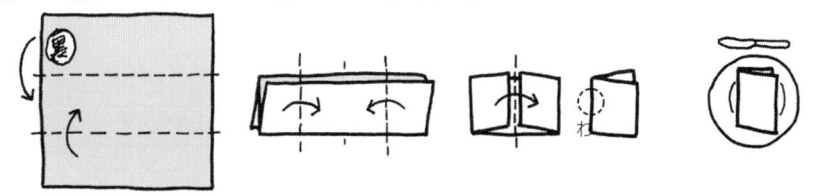

③**ペンタ**　基本の折り方です。角刺繍のあるナプキンには効果的。

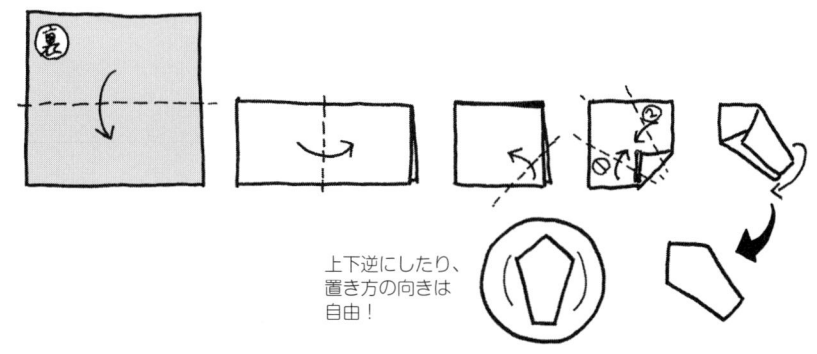

上下逆にしたり、置き方の向きは自由！

「瓢（ひさご）・瓢箪（ひょうたん）」　秀吉の旗印「千成瓢箪」から武運（仕事運）、種が多いことから「子宝」、中が空洞で神が宿る（神仏加護）とされ、好まれて描かれています。

🐼 ナプキンの折り方（2）

④**日時計**　セッティングに高さを出したい時、簡単で安定しやすい折り方です。
⑤**デルタ**　ステージができるので、フィギュア、花、カードなどテーマにあわせた小物が置けます。

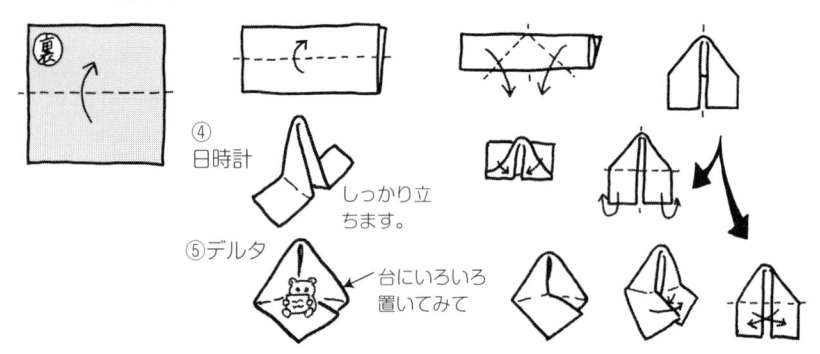

④ 日時計
しっかり立ちます。

⑤ デルタ
台にいろいろ置いてみて

⑥**シルバーホルダー A**　カジュアルなコーディネートにとても便利。
ペーパーナプキンでも効果的。

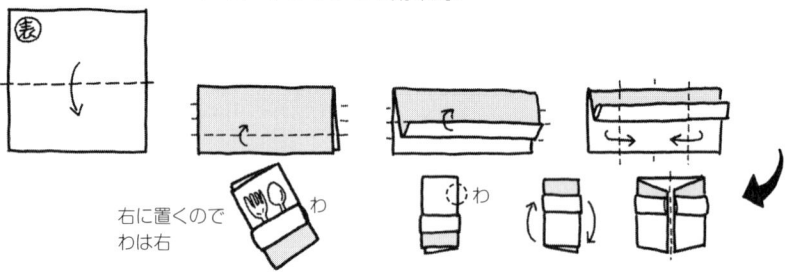

右に置くのでわは右

⑦**シルバーホルダー B**　もう1回折ると、お箸も OK。

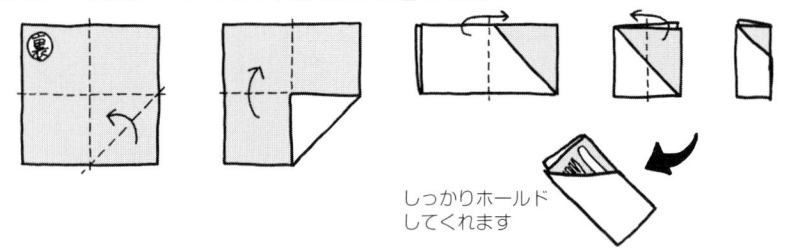

しっかりホールドしてくれます

「吹墨（ふきずみ）」 墨を吹いて濃淡で夕暮れなどを表します。うさぎが描かれているものは「吹墨うさぎ」と言って、古伊万里からの秋の人気デザインです。

テーブルを素敵に飾ろう　165

> **コラム12　ナプキンの歴史**
> 　中世の食卓は、脚を組み立てて、その上に板をのせ、1枚の布が掛けてありました。その布をボードクロスといい、肉の脂でギトギトになった口を拭い、手づかみで食べるために汚れた手や指を拭いたりしていました。食事の参加者全員で1枚の布を汚し放大に使っていました。このボードクロスは、テーブルクロスとナプキンの要素を持った布でした。その後、使用人が「ナップ」という布を肩から掛けるようになり、主人は必要な時に呼び寄せ、手を拭いたり、時には足を拭いたりしていました。ボードクロスやナップが合理的ではないので、小さく(kin)切り分けられた、口や手を拭く布が、1人1枚用意されるようになりました。ナプキンは、肩からかけていた布（ナップ）が小さく（キン）なったものなのです。

■**ナプキンリング**

　ナプキンをまとめる為のテーブル小物です。セットしたナプキンを抑える役目と装飾の役目があります。テーブルコーディネートのセットアップには欠かせないアイテムです。シルバーをはじめ、様々な素材や形がありますが、身の回りのものをアレンジしたり、簡単に自分で製作する事もできます。

シルバー　真鍮（しんちゅう）　アクリル
木にペイント　ガラス　陶器

🐼 **ナプキンリングの工夫**

毛糸ポンポン
リボン
ブレスレット
フェルトパーツ
ワイヤーベリー
ワイヤーフラワー
コードホルダー

★100円ショップや手芸材料店、アクセサリーショップはお宝の宝庫

「吹き寄せ（ふきよせ）」　花や松葉などが風に吹き寄せられた様。松・銀杏・紅葉などで「秋」、桜の花びらが入って「春秋」です。

食卓を楽しむ

＜ちょうちょ結びの結び方＞

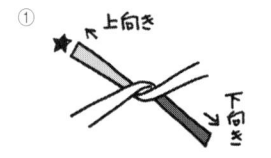

① 上向きになるリボンの端（★）を少し長くします。

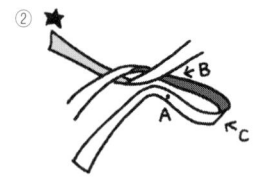

② A点とB点を左手の親指と人差し指でつまみ押さえます。

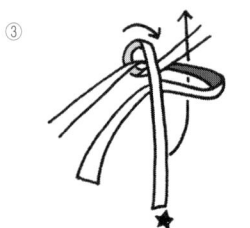

③ ★を上からかぶせてCの輪になったリボンの後ろにくぐらせます。

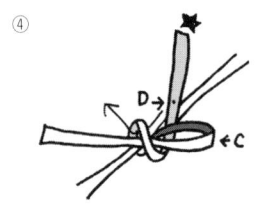

④ 右手の人差し指をD点の裏側にあてて押しこみます。

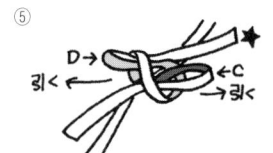

⑤ C点、D点を共に各々外に向かって引きます。

⑥ ちょうちょ結びのできあがり！

＜ポンポンの作り方＞

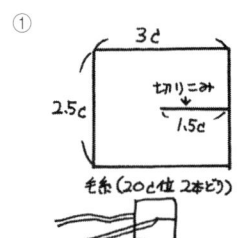

① 厚紙のヨコ半分に切り込みを入れ、20cm位に切った2本どりの毛糸をさしこみます。

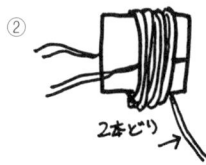

② タテ方向に2本どりした毛糸をぐるぐる巻いていきます。小さいポンポンは25巻くらい、中は40巻くらい。（毛糸の太さにもよるので巻く回数は加減して下さい）

③ 切りこみにさしこんだ毛糸で、真ん中をきっちりしばり、厚紙から外します。

④ ループ部分をはさみでカット。

⑤ きれいなボールになるように、刈り込んでいきます。

⑥ ポンポンのできあがり！ゴムかリボン、毛糸に結びつけて下さい。

「葡萄（ぶどう）文」 収集家も多い人気柄。房に幾つもの実をつけることから、豊穣、豊作、子孫繁栄の象徴となり、通年使われます。ただし実が下がる事から「葡萄（武道）が下がる」と武士からは嫌われた庶民の柄です。

テーブルを素敵に飾ろう

■ランチョンマット

　ランチョンマットは、テーブルの表面を傷つけない為、テーブルを汚さない為、その人専用の場所を示す為、という役割があります。ランチョンマットというのは日本での呼び方です。ヨーロッパでは「テーブルマット」、アメリアでは「プレイスマット」と言います。

　基本的にフォーマルではランチョンマットは使用しませんが、唯一、表面が美しい（木目が美しいマホガニーや、象嵌、彫刻など）テーブルを見せるために、テーブルクロスではなく、ランチョンマットを使用します。テーブルクロスとランチョンマットを併用しないのが、テーブルコーディネートの基本ですが、カジュアルなコーディネートの場合は、併用しても構いません。様々な素材があり、色や素材で季節感やイメージを表現ことができます。和食の折敷(おしき)もランチョンマットのひとつです。

ランチョンマット類のたきさ

- ディナーマット：約 50cm x 36cm
　　　フォーマルなディナーやおもてなし用の大きめのサイズです。位置皿とカトラリーがセットできる大きさです。
- ランチョンマット：約 45cm x 32cm
　　　朝食、昼食、普段の夕食用です。日本のランチョンマットの基本的な大きさです。肩幅と姿勢を崩さないで手の届く奥行きの平均的なサイズです。
- ティーマット：約 32cm x 22cm
　　　ティータイム用の小ぶりのマットです。大きさは様々ですが、ランチョンマットの半分かそれより少し大振りです。ケーキ皿とカップ＆ソーサーが置ける大きさです。

「紅筋（べにすじ）」 鉄絵と染付で横線が入っており、器の白さを引き立てるデザイン。江戸時代の粋を感じます。

🐼 ランチョンマットにセッティング

■イギリス式のフォーマルセッティング
　美しいテーブルを見せるための、テーブルクロスを使わないセッティングです。フォーマルの場合はレースのランチョンマットを使い、そのスペースからはみ出さないようにカチッとセッティングします。

カード　　レースやシフォンに刺繍

■カジュアルなランチコーディネート
　カトラリーが右側にセットされている場合は、「今回の食事はこのカトラリーのみを使いますからよろしくね！」という意味です。白いお皿は、ステンシルシートを使ってスパイスやシュガーで柄をつけるとポイントになります。

ステンシルシートでワンポイント！

■和のコーディネート
　和のランチョンマットは、布の他に天然素材や漆を使います。洋食器との相性もいいです。
　お重は、年中使える便利な器です。小鉢を集めて詰めるだけで、お惣菜がオシャレな前菜になります。手ぬぐいはナプキンの代わり。

手ぬぐい　　お重を1段で　　盃

■オーバルのランチョンマット
　優しい雰囲気を出しやすいのがオーバルのランチョンマットです。センターマットやサイドボードのマットとしても使い易い形です。

サイドボードに

「鳳凰（ほうおう）」鳳凰は、四瑞（瑞祥の生き物、鳳凰、龍、麒麟、亀）として神格されています。赤絵の器に多く描かれています。

11-2 花を飾ろう

　食卓に飾る花（植物）は、テーブルコーディネートのお約束です。季節感やイベント性を表現しやすく、花がある事によって、ただ料理を並べただけの食卓も、ステキに変身します。花（植物）は、人にパワーと安らぎを与えてくれ、コーディネートをする方も癒されます。

　花を活けるには、花瓶がいるし、なかなか恰好がつかなくて難しい。と感じるかもしれません。もちろんフォーマルなコーディネート、高級食器を使ったパーティーコーディネートでは、フラワーアレンジメントの技術が必要ですが、毎日の食卓や、カジュアルなパーティでは、気軽に花を活ける事を楽しみましょう。

　花を活ける時、花器を使うのは普通ですが、身の回りのものを工夫して、花を飾ることも可能です。花を選ぶときは、香りの強い植物は避けましょう。ただし、料理で使われるハーブは別です。

コラム13　七草について

　日本には、「春の七草」「秋の七草」という季節の植物の呼び方があります。春と秋では、意味合いが違いますが、日本人の常識として覚えておきたいものです。

＜春の七草＞ 1月7日に、七草粥を食べて、邪気を祓います。「七草の節句」
　せり（芹）、なずな（薺、ぺんぺん草）、ごぎょう（御形、母子草）、はこべら（繁縷はこべ）ほとけのざ（仏の座、小鬼太平子）、すずな（菘、カブ蕪）、すずしろ（蘿蔔、大根）

＜秋の七草＞ 万葉集（山上憶良）に出てくる、日本古来の秋の花です。
　はぎ（萩）、ききょう（桔梗）、くず（葛）、おみなえし（女郎花）、ふじばかま（藤袴）、おばな（尾花　ススキ薄）、なでしこ（撫子）

「松」 老松（おいまつ）、若松、松葉、笠松、松竹梅と、様々な描き方がある松は、正月や慶事に欠かせない植物です。

170　食卓を楽しむ

お花を買ったら

Flower Shop

- 麻ひもでゆるくまとめる。
- 水切りしよう！
- コップや空き缶に差す。そのままでもOK！
- バスケットや木箱に入れる
- バランスを取ると立つヨ！
- ふたに注意！
- しばった所で少しねじる
- ガラスボールに入れる…
- アクリル・ガラスキューブで
- だけっ！
- 花や花びらを浮かべる

「間取（まどり）」　草花や人物など具象柄を幾何学柄で仕切った柄。九谷焼、有田焼に多くみられる技法です。

テーブルを素敵に飾ろう　171

🐼 色んなアレンジ方法

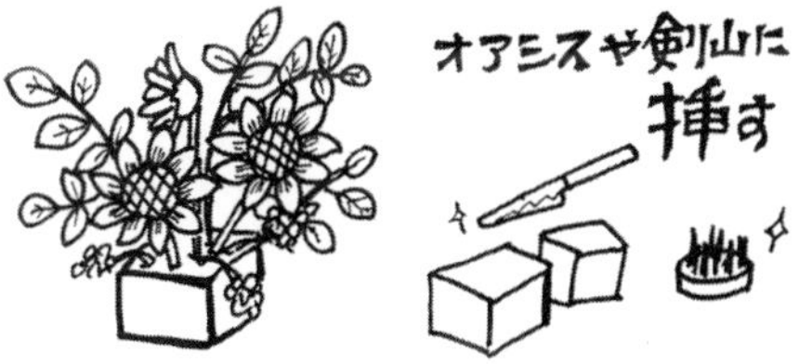

オアシスや剣山に挿す

オアシス（吸水スポンジ）
オアシスは、ナイフで簡単にカットでき、色々な角度から自在に花を挿せるので便利です。園芸、フラワーショップで購入できます。捨てる時は不燃物へ！

浮かべる
フローティングキャンドルを組み合わせて！

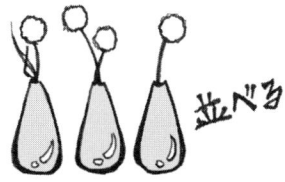

並べる
高さやバランスをリズムよく！

巻く
端は濡らしたティッシュとラップでくるんで、どこかに隠す！

ねかす
切り口が水から出ないように注意して！

支える
アクリルキューブ、小石、ビー玉
なんでも底にひいて剣山代わり！

活ける
葉っぱのモサモサ注意！

「丸紋」　塗りつぶした丸が描かれている柄。スッキリと染付だけもありますが、朱・金彩・銀彩も多く、月に見立てる場合もあります。単純ですが品があり、インパクトもあります。

11-3　キャンドルを置いてみよう

　電気のない時代から、ヨーロッパのテーブルコーディネート（デコレーション）は確立していました。その時の明かりはもちろん「キャンドル」です。キャンドルは食卓を飾る大事なアイテムであり、食卓を照らす「明かり」でもありました。現在でも「キャンドルの明かりで食事をする」という演出をする事は多くあり、キャンドルもまた、テーブルコーディネートに欠かせないアイテムです。

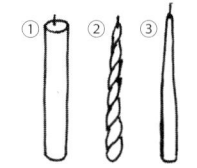

①ストレートキャンドル
②ツイストキャンドル
③テーパーキャンドル

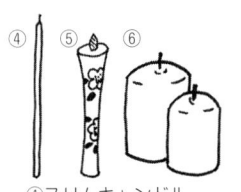

④スリムキャンドル
⑤和ろうそく
⑥ラウンドキャンドル

　キャンドル、キャンドルスタンドやホルダーの種類やデザインは沢山あります。キャンドルの揺れる明かりはステキですが、日本の住宅事情では、火災の原因になる恐れの問題があり、火を付けずにオーナメントとして利用する場合も多くあります。フローティングキャンドルは、水に浮いているので、火をつけても危険度が少なく、とても使い易く便利です。

⑦ボールキャンドル
⑧グラスキャンドル

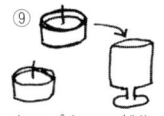

⑨カップキャンドル

⑩フローティングキャンドル

　※日本の家屋は天井が低いので、キャンドルを高くするのは避けましょう。圧迫感があります。
　※引火しないように、風や周囲の小物には気を付けましょう。

「みじん」　古伊万里から続いている人気の柄。細かく筆を運ばせた染付の柄は、まさに「微塵」です。

テーブルコーディネートで素敵な食卓

テーブルコーディネートの心得

では実際に、どんな工夫をして、テーマにあったイメージを食卓に実現できるかを、順番に考えていきましょう。どのようなコーディネートをしても、すべての物に共通して忘れてはならない事は、あくまでも「主役は料理とそれを召し上がる方々にある。」という事です。食事を美味しく召し上がって頂くため、その時間を楽しんで頂くために、『気遣いのあるコーディネート』『人を不快にさせないコーディネート』を心がけなくてはいけません。そして「ワクワクする期待感」「楽しいサプライズ」を加える事を、忘れないようにしましょう。

最初から食卓全体をがんばってコーディネートするのではなく、テーマをイメージしたポイントコーディネートから始めてみましょう。

12-1　お気に入りの器や白い器から始めよう

誰もが、最初から沢山の器を持っているわけではありません。お気に入りの器を組み合わせたり、いつもの白いカフェ食器を利用して、少しだけ頑張ってみると、普段に使っている器の、新たな姿と使い方の発見に、驚くことがしばしばあります。器を増やす前に、少ない器を工夫し、リネンや小物を交えて、いろいろな組合せを考えてみましょう。まず大事なことは、何でもあわせてみる事です。行動あるのみです。

「麦藁十草（むぎわらとくさ）」「麦藁手」とも言います。麦わらを思わせる縦縞模様はスッキリしながらも暖かみがあります。瀬戸焼の人気柄です。

テーブルコーディネートで素敵な食卓　　175

🐼 普段の器を色々なイメージで

　白いレストランやカフェ用のディナープレートは、毎日の食事にとても便利に使えます。ワンプレートのカフェ風ランチ、カレー、とんかつ、しょうが焼き、何でもOK。センターで数人分のサラダやパスタを盛り付ける事もできます。そんな便利な普段使いのプレートに、少しよそ行きになるような、パーソナルコーディネートをしてみました。

　（使用したのは、ソフトスクエアプレート、27cm×4cm/hのお皿です）

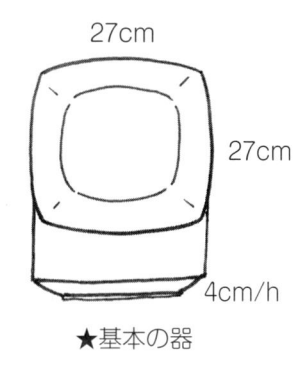

27cm
27cm
4cm/h

★基本の器

ポップなランチ

いつもの朝食

チャイニーズディナー

コリアンディナー

「武蔵野」　秋草に月。和歌に読まれた「山が無い一面の野原に浮かんでいる秋の月」の情景を表現しています。

> **コラム 14　ガラスと染付は世界共通**
>
> 　和食に和器、洋食には洋食器をコーディネートするのが普通と考えがちですが、お互いを簡単にコラボレーションできるのは、ガラスと染付（ブルー＆ホワイト）です。ガラスは装飾や技法が全世界ほぼ同じですが、こなし方にお国柄がでています。同じなのに何かが違う。そこにこだわるのがコラボレートする面白さです。
>
> 　ヨーロッパのブルー＆ホワイトは、日本の伊万里焼（江戸時代初期）や中国（明時代）の磁器をお手本にしていますから、もとはといえば同じようなもの。持っている空気感は違いますが、料理映えの良さ、他素材とのなじみの良さは同じです。難しいようなら、ブルー＆ホワイトと漆器、染付と銀器やガラスなどを、組み合わせてみる事から始めるといいでしょう。

12-2　季節とイベントのコーディネートをしよう

　テーブルコーディネートをする場合、色の演出はとても重要なことです。季節やイベントを色で例えたら？　色を想像する感性は、日頃の暮らしの中で養うことができます。花や野菜や果物、街のディスプレイ、海や山、空、あらゆるものから季節の色を感じ取ってください。

　クリスマスや誕生日など、日にちが決まっているイベント以外の場合は、少しだけ季節の先取りをします。日本は四季がはっきりしており、人々は季節の移り変わりにとても敏感です。そして、常に次の季節を待ち遠しく思っています。昔から初物を珍重するのも、「一足早く」を追いかけているからです。テーブルコーディネートも、一足早いイメージを心掛けて、次の季節はどんな楽しいことがあるか、という「ワクワク感」を感じながら表現しましょう。

「雷（らい・いかづち）文」　四角の渦巻模様で雷の稲妻を表しています。ラーメン丼の渕の渦は雷文が繋がったものです。雷は、自然界の驚異、畏敬の代表です。

テーブルコーディネートで素敵な食卓　　　177

🐼 季節のイメージは？

コラム 15 「ぼたもち」と「おはぎ」

　牡丹の花が咲くころが春のお彼岸の時期。そこで仏様にお供えするのが「ぼたもち」。
　萩の花が咲くころが秋のお彼岸の時期。そこで仏様にお供えするのが「おはぎ」。
　同じものなのに季節によって呼び方が変わります。

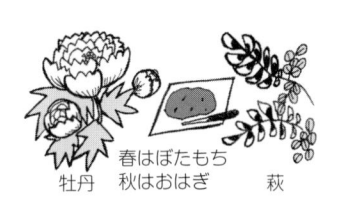

牡丹　　春はぼたもち
　　　　秋はおはぎ　　萩

「流水」　水の流れを図案化したものでデザインは多数。水だけなら夏。合わせるもので季節は変わります。

12-3　国や地域、都市のイメージでコーディネートしよう

　日本では、世界各国の料理が家庭でも作られています。中国、ベトナム、インド、アメリカ、イタリア、フランスなどの国々、アジア、アフリカ、北欧、北海道などの地域。料理に合わせて各国、地域のイメージで、コーディネートするのも楽しい方法です。

🐼 国のイメージを出してコーディネートしよう

＜イメージキーワード＞
- リゾート　　・フラ　　・貝
- トロピカルフルーツ　・レイ
- ハイビスカス　　・夕日
- 椰子の木　　・海　　・ブーゲンビリア
- アンスリウム　　・ヨット
- ホヌ（ウミガメ）　・アロハ

＜イメージカラー＞
- グリーン　　・ブルー
- ベージュ　　・ピンク

● ハワイのイメージコーディネート

＜イメージキーワード＞
- 貿易港　　・動物園　　・高層ビル
- マーライオン　　・バンブー
- シャープなフォルム　　・モダン
- 高級ホテル　　・華僑
- 中華料理　　・オーキット（蘭）

＜イメージカラー＞
- グリーン　・パープル　・ピンク
- ゴールド　・ホワイト

● シンガポールのイメージコーディネート

「鱗波（りんぱ）・鱗（うろこ）文」三角形の連続模様。三角が鱗のようなのでこう呼ばれています。鱗は魚のものではなく、龍やヘビのものです。北条家の家紋は、三角が３つ付いて「三つ鱗（みつうろこ）」といいます。

あとがき

　最後まで読んでいただいて、ありがとうございます。

　前編では、キッチンやダイニング空間について、「空間のつながりやレイアウト」「床や壁などの仕上げ材料」「設備機器」「窓やカーテン」「テーブルや椅子」「照明」などについて学びました。後編では、食卓を楽しむために、「食器の種類」「和食器と洋食器の歴史」「器の作り方」「テーブルウェア」「花や小物などの食卓を楽しむ工夫」「テーブルコーディネート手法」などについて学習してきました。

　皆さんは、インテリアデザインやテーブルコーディネートの視点から、食空間や食卓についてのさまざまな知識を身につけたと思います。これらの知識をもとに、皆さんが、それぞれ家庭に合った毎日の「食」を美味しく、楽しんでくれることを期待しています。部屋そのものは簡単に変えられませんから、カーテンや照明を変えてみたり、テーブルや椅子の配置を変えてみるだけで、気分も変わってきます。食卓に季節の花や緑を飾ったり、お気に入りのカップやお皿を探すのも、きっと楽しいと思います。豊かな食は、私たちの健康を育み、家族の絆もしっかりと強くしてくれるので、できるところからやってみましょう。実際にできなくても、考えてみるだけでも、毎日の「食」に対する考え方が違ってくるでしょう。

　最後に、イラスト作成に協力していただいた Mia Yoshida さん、村井志穂さん、中陣早紀さん、寺川莉奈さん、出版についてご協力いただいた電気書院出版部の久保田勝信氏に、この場を借りて御礼を申し上げます。

●参考文献●

・1〜6章

小原二郎、加藤 力、安藤正雄編、「インテリアの計画と設計」、彰国社、1986年

日本建築学会編、「コンパクト建築設計資料集成〈住居〉」、丸善、1991年

山口昌伴著、「台所空間学＜摘録版＞」、建築資料研究社、2000年

社団法人インテリア産業協会著、「インテリアコーディネーターハンドブック技術編改訂版」、社団法人インテリア産業協会、2003年

社団法人インテリア産業協会著、「インテリアコーディネーターハンドブック販売編改訂新版」、社団法人インテリア産業協会、2006年

住まいとインテリア研究会編著、「図解住まいとインテリアデザイン」、彰国社、2007年

渡辺秀俊編、「インテリア計画の知識」、彰国社、2008年

主婦の友社編、「最新版素敵なインテリアの基本レッスン」、主婦の友社、2008年

増田 奏著、「住まいの解剖図鑑」、エクスナレッジ、2009年

松下希和著、「住宅・インテリアの解剖図鑑」、エクスナレッジ、2011年

吉田泰章著、「インテリアの基本がわかる本」、エクスナレッジ、2011年

安齋 哲著、「世界で一番くわしい07 照明」、エクスナレッジ、2011年

キッチンスペシャリストハンドブック改訂編集委員会企画、「改訂新版キッチンスペシャリストハンドブック」、産業能率大学出版部、2011年

和田浩一、富樫優子、小川ゆかり著、「世界で一番くわしい12 インテリア」、エクスナレッジ、2012年

・7〜12章

由水常雄著、「図説 西洋陶磁史」、ブレーン出版、1977年

サントリー美術館編集、「日本のやきもの千二百年」、サントリー美術館、2001年

矢部良明著、「日本やきもの史入門」、新潮社、1992年

平凡社、「増補 やきもの事典」、平凡社、2000年

荻野文彦編著、「食の器の事典」、柴田書店、2005年

渡辺誠著、「西洋食作法」、主婦の友社、1990年

仁木正格著、「やきものの見方 ハンドブック」、池田書房、2002年

吉岡康暢監修、「陶磁器の世界」、山川出版社、2001年

原田信男著、「和食と日本文化」、小学館、2005年

近畿日本ツーリスト、「旅とやきものの本」、近畿日本ツーリスト出版部、1997年

『つくる陶磁郎』編集部編、「誰でも簡単 絵付け文様帖」、双葉社、2004年

藤依里子著、水野惠司監修、「開運！日本の伝統文様」、日本実業出版社、2010年

永井文人著、「テーブルナプキンの折り方」、柴田書店、1992年

Kate Spade著、Ruth Peltason編、「OCCASIONS」、ブックマン社、2005年

別冊25ans、「一流品図鑑4 エレガンス食器」、婦人画報社、1990年

ナヴィインターナショナル編著、「洋食器カタログ」、西東社、1997年

小倉朋子著、「グルメ以前の食事作法の常識」、講談社、2006年

市田ひろみ著、「恥をかかない和食の作法」、家の光協会、2004年

久保香奈子監修、「大人のテーブルマナー」、主婦の友社、2004年

牧野由美子著、「はじめてのテーブルコーディネート」、同信社、2002年

クニエダヤスエ著、「クニエダヤスエの和食卓」、じゃこめてい出版、2008年

Web

中矢雅明・清水千晶・荒井三津子、研究論文「テーブルコーディネートの誕生とその機能」http：//libro. do−bunkyodai. ac. jp/research/pdf/journal30/02. pdf、2012年9月23日アクセス

索　引

数字・英字

1 列型 ……………………………… 6
2 列型 ……………………………… 7
3×4 折り ………………………… 163
8 分折り ………………………… 163
HID ランプ ……………………… 82
JAPAN …………………………… 104
LED ランプ ……………………… 83
L 字型 …………………………… 8
Ra ………………………………… 79
U 字型 …………………………… 8

あ

アーツ・アンド・クラフツ運動
　……………………………… 128
アール・ヌーヴォー …… 69, 128
アイランドタイプ ………………… 9
青絵釉 …………………………… 139
赤絵 ……………………………… 142
秋の七草 ………………………… 169
アクリル樹脂エマルションペイント
　………………………………… 26
圧力水槽方式 …………………… 37
穴窯 ……………………………… 143
アフタヌーンティー …………… 127
アメリカ・モダン ……………… 70
暗黒の中世 …………………… 121
アンダーグレイス ……………… 141
アンダークロス ………………… 161

い

イージーチェア ………………… 66
イギリス式セッティング ……… 150
鋳込み ………………………… 136
椅子 ……………………………… 64
板目 ……………………………… 19
イタリア・モダン ……………… 72
一汁三菜 ……………………… 154
伊万里焼 ……………………… 117
色絵 …………………………… 143
色温度 ………………………… 78
イングリッシュブレックファースト
　……………………………… 127
インターナショナル・スタイル… 70
インバータ ……………………… 85

う

ウィンドウトリートメント …… 48
ウエッジウッド社 …………… 142
ウォールキャビネット ………… 32
雨水排水 ………………………… 38
内開き内倒し …………………… 46
内開き窓 ………………………… 46
ウレタン塗料 …………………… 26
上絵窯 …………………… 142, 143
上絵付 …………………… 141, 142

え

エクステンションテーブル …… 73
絵付 …………………………… 141
塩化ビニル樹脂エマルションペイント
　………………………………… 27
エンゴーベ …………………… 124
演色性 …………………………… 79

お

オイルステイン ………………… 27
オイルフィニッシュ …………… 27
王立ザクセン陶磁工場 ……… 126
大型引き戸 ……………………… 45
大壁 ……………………………… 21
大窯 …………………………… 144
オーガンジー …………………… 51
オーニング ……………………… 46
オーバーグレイス …………… 142
折敷 …………………………… 154
汚水 ……………………………… 38
オパール ………………………… 51
おはぎ ………………………… 177
織部釉 ………………………… 139
織物壁紙 ………………………… 23

か

カーテン ………………………… 51
カーテンアクセサリー ………… 54
カーテンボックス ……………… 54
カーテンホルダー ……………… 55
カーテンレール ………………… 54
懐石 …………………………… 154
会席料理 ……………………… 154
懐石料理 ……………………… 153

回転窓 …………………………… 46
灰釉 ……………………… 113, 139
カウンタースツール …………… 66
家事室 …………………………… 5
型押し ………………………… 137
片引き窓 ………………………… 45
勝手 ……………………………… 42
カップ ………………………… 123
カトラリー …………………… 157
加熱調理機器 …………………… 32
壁紙 ……………………………… 23
壁材料 …………………………… 21
窯 ………………………… 133, 143
窯物 …………………………… 130
紙壁紙 …………………………… 23
紙張り仕上げ …………………… 25
ガラスルーバー ………………… 46
唐物 …………………………… 113
換気設備 ………………………… 39
還元炎焼成 …………………… 138
乾燥式 …………………………… 34
カンデラ ………………………… 78

き

機械換気設備 …………………… 40
企業物 ………………………… 130
素地 …………………………… 138
キッチン ………………………… 14
キッチンの照明 ………………… 87
キップ …………………………… 45
木の器 ………………………… 105
木灰釉 ………………………… 139
脚 ………………………………… 69
脚部 ……………………………… 75
ギャンギング …………………… 68
キャンドル …………………… 172
キュイジーヌ …………………… 14
給水設備 ………………………… 36
給湯器 …………………………… 38
給湯設備 ………………………… 37
局所式 …………………………… 37
局部照明 ………………………… 81
銀食器 ………………………… 101
銀メッキ ……………………… 102
金襴手 ………………………… 142

索引

く
- 口造り……………………………95
- クッキングヒーター……………33
- クッションフロア………………20
- グラスウェア………………99, 156
- クラッタールーム………………5
- くらわんか碗…………………118

け
- 蛍光ランプ………………………82
- 珪酸………………………………133
- 景徳鎮……………………………126
- ケースメント……………………46
- ケースメントカーテン…………52
- 化粧掛け…………………………124
- 化粧パネル………………………32
- ケルビン…………………………78
- 建築化照明………………………84
- 建築系家具………………………63

こ
- 古伊万里焼………………………117
- 甲板………………………………74
- 口縁………………………………95
- 高輝度放電ランプ………………82
- 硬質磁器…………………………98
- 光束………………………………78
- 高台………………………………95
- 高台内……………………………95
- 高台畳付…………………………95
- 高台脇……………………………95
- 光度………………………………78
- 合板………………………………24
- 合板系フローリング材…………19
- 広葉樹……………………………19
- 高麗物……………………………115
- 合流式……………………………38
- コーニス照明……………………84
- コーブ照明………………………84
- 国立マイセン磁器製作所………126
- 五彩………………………………143
- 腰…………………………………95
- 呉須………………………………139
- ゴミ処理機………………………34
- コルク材…………………………19
- コンプラ…………………………116

さ
- 座…………………………………68
- 菜…………………………………154
- 座位基準点………………………64
- サイドパネル……………………32
- 左官仕上げ…………………22, 25
- 作業動線…………………………6
- 差尺………………………………72
- 作家物……………………………130
- 雑排水……………………………38
- 酸化炎焼成………………………138
- 産地物……………………………130
- 三宝荒神…………………………76

し
- シアーカーテン…………………51
- 仕上げ材料………………………16
- シーベキップ……………………45
- シーリングライト………………84
- 磁器…………………98, 117, 124
- 磁器タイル………………………21
- システムキッチン………………30
- システム収納家具………………63
- 自然換気設備……………………40
- 自然釉………………………112, 139
- 下絵………………………………141
- 下絵付……………………………141
- 下絵具……………………………141
- 漆器…………………………104, 106
- 漆芸………………………………104
- 磁土……………………………98, 133
- 志野釉……………………………139
- 遮光カーテン……………………51
- 遮光シェードタイプ……………88
- 汁…………………………………154
- 収納家具…………………………63
- 主菜………………………………154
- 受水槽方式………………………36
- 瞬間式……………………………37
- 準人体系家具……………………63
- 上下スライド窓…………………46
- 昇降式テーブル…………………74
- 浄水器……………………………33
- 照明………………………………78
- 縄文式土器………………………111
- ジョーゼット……………………51
- 食住同一…………………………92
- 食寝分離…………………………3
- 食卓スペース……………………10
- 食器………………………………92
- 食器洗い乾燥機…………………33
- シルバーウェア…………………101

す
- 真壁………………………………21
- 人感センサー……………………86
- 人体系家具………………………62
- 水性エマルションペイント……26
- 水道直結方式……………………36
- 須恵器………………………98, 111
- スターリングシルバー…………101
- スタイルカーテン………………52
- スタッキングチェア……………68
- スタンドライト…………………84
- ステツール………………………66
- ステンレス………………………102
- スラット…………………………56
- スワッグ＆テール………………54

せ
- 背…………………………………69
- 正圧………………………………40
- 青華………………………………141
- 成形………………………………135
- 石材…………………………20, 23
- セクショナルキッチン…………30
- 炻器…………………………97, 113
- せっ器タイル……………………21
- 瀬戸物……………………………94
- 背もたれ点………………………64
- 施釉……………………98, 135, 138
- センターピース…………………152
- 全般拡散型………………………80
- 全般局部併用……………………81
- 全般照明…………………………80
- 全方向拡散タイプ………………88

そ
- 増圧方式…………………………36
- 装飾………………………………137
- 装飾レール………………………53
- ソーサー…………………………123
- 外開き窓…………………………46
- ソフトスタータ…………………85
- 染錦………………………………142

た
- 第1種換気設備…………………40
- 体具………………………………62
- 台系家具…………………………63
- 第3種換気設備…………………40
- 台所………………………………14

第2種換気設備 ……………40	デ・スティル ………………70	**ぬ**
ダイニングキッチン ………3	手捏ね …………………136	塗り仕上げ ………………24
ダイニング空間 …………10	鉄釉 ……………………140	塗り床 ……………………20
ダイニングチェア …………66	手捻り …………………136	**ね**
ダイニングテーブル …72, 73	出窓 ………………………47	ネストテーブル …………74
ダイニングの照明 ………87	テラス窓 …………………45	燃料電池コージェネレーションシ
台盤所 ……………………14	デルフト陶器 …………124	ステム …………………38
太陽熱温水器 ……………38	転写版絵付 ……………127	**の**
タイル …………………21, 23	天井材料 …………………24	野焼き ………………97, 110
台輪 ………………………31	天窓 ………………………48	ノルディック・モダン ……70
ダウンライト ……………83	**と**	**は**
高置水槽方式 ……………36	胴 …………………………95	バーチカルブラインド …56
ダクト用換気扇 …………40	透過シェードタイプ ……88	パーツシステム式 ………64
タスクアンビエント ……81	陶器 ……………94, 97, 113	バイオ式 …………………34
叩き作り ………………136	陶器タイル ………………21	配光方式 …………………79
タタラ作り ……………136	陶磁器 ……………………94	排水設備 …………………38
タッセル …………………54	豆粒文土器 ……………110	ハイスツール ……………66
縦すべり出し ……………46	トールキャビネット ……32	配膳 ……………………152
タブスタイル ……………53	土器 ………………97, 110, 120	ハイティー ……………127
卵から林檎まで ………121	独立型キッチン …………2	灰釉 …………………113, 139
玉虫厨子 ………………104	塗装 ………………………25	バウハウス・スタイル …70
単品収納家具 ……………63	トップクロス …………161	白熱ランプ ………………81
ち	トップトリートメント …53	バタフライテーブル ……74
チャイナペインティング …142	トップライト ……………48	発光ダイオード …………83
茶懐石 …………………154	トラップ …………………39	はとめスタイル …………53
茶溜り ……………………95	トリミング ………………55	ハニカムスクリーン ……58
茶陶 ……………………115	塗料 ………………………26	パネルスクリーン ………58
中央式 ……………………37	ドレー ……………………46	はめ殺し …………………47
調光 ………………………85	ドレーキップ ……………46	パラレルスライド ………45
直圧方式 …………………36	ドレープカーテン ………51	バランス …………………54
直接型 ……………………79	**な**	バランス照明 ……………85
貯湯式 ……………………37	ナップ …………………165	春の七草 ………………169
つ	七草 ……………………169	ハロゲンランプ …………82
土 ………………………131	ナプキン ………………162	半間接型 …………………80
土もの …………………94, 97	ナプキンフィールド …148, 162	ハンギングスタイル ……54
て	ナプキンリング ………165	半直接型 …………………80
テーブル …………………63	鍋島焼 …………………117	**ひ**
テーブルウェア …………92	生ゴミ収納庫 ……………34	ヒートポンプ給湯器 ……38
テーブルクロス ……107, 160	軟質磁器 …………………98	ビードロ釉 ……………139
テーブルコーディネート …146, 174	**に**	光触媒 ……………………86
テーブルセッティング …148, 149	濁し手 ……………117, 125	引き違い窓 ………………45
テーブルセンター ……161	錦窯 ………………142, 143	引き戸内倒し ……………45
テーブルデコレーション …146	錦手 ……………………143	肘 …………………………69
テーブルマット ………167	二重サッシ ………………48	ビニル壁紙 ………………23
テーブルランナー ……161	日本式セッティング …151	ビニル床シート …………20
テーブルリネン …93, 106, 160		
デスク ……………………63		

索引

ひ
ビニル床タイル……………………19
陽干し土器……………………97, 120
紐作り……………………………136
ビルトイン式……………………33
ビルトインファニチャー………64

ふ
ファインボーンチャイナ………99
負圧………………………………40
フィックス………………………47
フィラー…………………………32
フィンガーボウル……………121
フォーク……………………103, 157
フォーマルセッティング……149
フォールディングチェア………67
フォールディングテーブル……74
吹き付け仕上げ…………………22
複合型キッチン…………………3
副菜……………………………154
複層ガラスサッシ………………48
副々菜…………………………154
ブライダル・リネン…………106
ブラインド………………………55
ブラインド内蔵サッシ…………48
ブラケットライト………………84
フラッシュ………………………75
フランス式セッティング……151
プリーツ…………………………53
プリーツスクリーン……………57
ブルー＆ホワイト………141, 176
フルオープン……………………13
プレイスマット………………167
フロアキャビネット……………31
プロペラ式換気扇………………40
分別ゴミ収納庫…………………34
分流式……………………………38

へ
平均演色評価数…………………79
平行突き出し窓…………………46
ペーパーコア……………………75
ヘーベシーベ……………………45
ヘスティア………………………76
ペニンシュラタイプ……………9
ベネシャンブラインド…………55
ペンタ…………………………163
ペンダントライト……………84, 88

ほ
ボイル……………………………51

ま
ボードクロス…………………165
ボード仕上げ……………………25
ボーンチャイナ………………98, 126
ぼたもち………………………177
本膳料理………………………153
ポンプ直送方式…………………37

ま
マイセン窯……………………126
幕板………………………………32
柾目………………………………19
窓…………………………44, 59

み
ミートティー…………………127
見込………………………………95
ミッド・センチュリー・モダン…70
民芸運動………………………119
民陶ブーム……………………128

む
無垢材…………………18, 24, 75
無釉………………………………98

め
メーカー………………………126
メディチ磁器…………………124

も
木質系壁材………………………24
木質系仕上げ……………………25
木製品…………………………105
モザイクタイル…………………21

や
焼締……………………………98, 113
やきもの…………………………94
やきもの戦争…………………116
柳宗悦…………………………119

ゆ
ユーティリティ…………………5
釉薬……………………………138
床座………………………………62
床材料……………………………16
ユニヴァーサルデザイン………35
ユニット式………………………63

よ
洋銀……………………………102

ら
洋食器…………………………120
洋白……………………………102
横すべり出し……………………46

ら
ライティングビューロー………74
楽長次郎………………………115
ラフ……………………………103
ランチョンマット……………167
ランバーコア……………………75

り
リクライニングチェア…………67
李参平…………………………117
リネン…………………………106
リビングセンターテーブル……73
リビングダイニングチェア……67
リビングダイニングテーブル…73
リボンスタイル…………………53
緑釉陶器………………………113

る
ルーバー…………………………56
ルーメン…………………………78
ルクス……………………………78

れ
冷蔵庫……………………………34
冷凍サイクル……………………34
レースカーテン…………………51
連房式登り窯…………………144

ろ
ローテーブル……………………73
ローマガラス…………………100
ローマンシェード………………56
ロールスクリーン………………57
ローン……………………………51
轆轤作り………………………136
ロシア式サービス……………148
ロッキングチェア………………67
六古窯…………………………113

わ
ワークトップ……………………32
ワークトライアングル…………6
ワイングラス…………………156
和食器…………………………110
侘び茶…………………………115

―― 著 者 略 歴 ――

大西 一也（おおにし かずや）
京都市生まれ。名古屋工業大学大学院工学研究科博士後期課程修了。建築設計事務所、シンクタンク研究員を経て、大妻女子大学家政学部教授。博士（工学）、一級建築士。

こうち 恵見（こうち めぐみ）
東京生まれ。テーブルコーディネーター。「リバリスランド．」代表。
広告を中心に、料理、食空間のスタイリングを手掛けると共に、「テーブルウェアの全般知識、食空間の楽しみ方」を、講演や教室を通して伝えている。「食器の教室こうち塾」主宰。
大妻女子大学家政学部非常勤講師。

©Kazuya Ohnishi・Megumi Kouchi 2012

たのしい食卓

2012年11月30日　第1版第1刷発行
2016年 3月10日　第1版第2刷発行

著　者　大　西　一　也
　　　　こ　う　ち　恵　見
イラスト　こ　う　ち　恵　見
発行者　田　中　久　米　四　郎

発　行　所
株式会社　電　気　書　院
ホームページ　www.denkishoin.co.jp
（振替口座　00190-5-18837）
〒101-0051　東京都千代田区神田神保町1-3 ミヤタビル2F
電話(03)5259-9160／FAX(03)5259-9162

印刷　日経印刷 株式会社
Printed in Japan／ISBN978-4-485-61100-5

- 落丁・乱丁の際は、送料弊社負担にてお取り替えいたします。本社営業部まで着払いでお送りください。

JCOPY〈(社)出版者著作権管理機構 委託出版物〉
本書の無断複写（電子化含む）は著作権法上での例外を除き禁じられています。複写される場合は、そのつど事前に、(社)出版者著作権管理機構（電話：03-3513-6969、FAX：03-3513-6979、e-mail: info@jcopy.or.jp）の許諾を得てください。また本書を代行業者等の第三者に依頼してスキャンやデジタル化することは、たとえ個人や家庭内での利用であっても一切認められません。